mercedes

DEAR MERCEDES.

ABGRe

LAT

EL ÉXITO EMPRESARIAL

Dr. Lair Ribeiro

El éxito empresarial

Cómo inventar el futuro
para redefinir el presente

EDICIONES URANO
Argentina - Chile - Colombia - España
México - Venezuela

Título original: *Criando e mantendo Sucesso Empresarial*
Editor original: Editora Objetiva, Río de Janeiro
Traducción: Aurora Nureddin

© 1995 *by* Suporte Internacional SC Ltda.
© de la traducción: Aurora Nureddin
© 1997 *by* EDICIONES URANO, S.A.
   Aribau, 142, pral. - 08036 Barcelona

ISBN: 84-7953-163-0
Depósito legal: B. 11.633-97

Fotocomposición: Autoedició FD, S.L. - Muntaner, 217 - 08036 Barcelona
Impreso por Romanyà Valls, S.A. - Verdaguer, 1 - 08786 Capellades

Printed in Spain

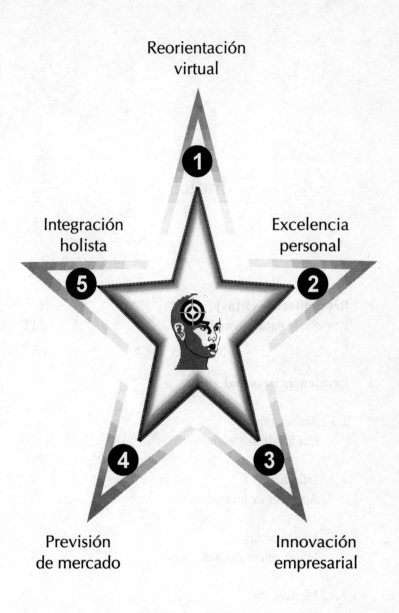

Reorientación
virtual

Excelencia
personal

Integración
holista

Previsión
de mercado

Innovación
empresarial

Índice

1. **Reorientación virtual**
   Prepararse para los cambios 11

2. **Excelencia personal**

   2.1. Autocontrol
        Cuidar de uno mismo 19

   2.2. Liderazgo
        Aprender de los maestros 33

   2.3. Negociación
        Influir con integridad 45

   2.4. Motivación
        Hacer que otra persona haga algo 55

3. **Innovación empresarial**

    3.1. La empresa es nuestra
          Definir su identidad 75

    3.2. La cultura de las empresas
          Psicoterapia empresarial 81

    3.3. Trabajo en equipo
          Dividir las preocupaciones y multiplicar las
          realizaciones 95

4. **Previsión de mercado**

    4.1. Paradojas y paradigmas
          Inventar nuevas realidades 105

    4.2. Transformación empresarial
          Cambiar para permanecer 123

    4.3. Márketing
          Crear oportunidades inexistentes 157

5. **Integración holista**
    Retorno a la esencia 177

    Bibliografía 183

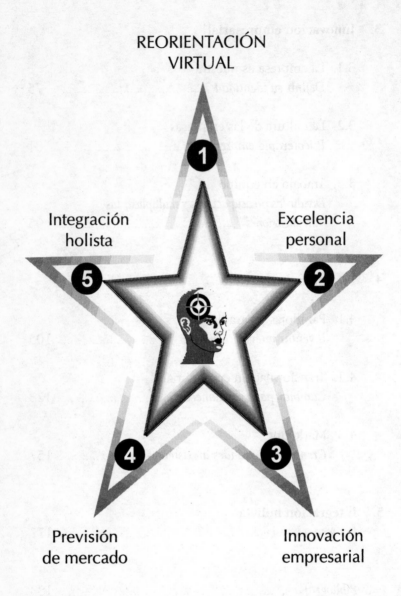

REORIENTACIÓN
VIRTUAL

Integración
holista

Excelencia
personal

Previsión
de mercado

Innovación
empresarial

1

Reorientación virtual

Prepararse para los cambios

Hola, ¿cómo está? ¡Qué bien que haya venido! Esperaba su llegada con ansiedad y entusiasmo. Usted ha venido para formar parte de una nueva mentalidad, consciente de que hoy el mundo de los negocios está asumiendo responsabilidades que antes correspondían a la Iglesia, al Gobierno y a la Educación.

El mundo de los negocios representa hoy en día una oportunidad para la autorrealización, al permitir que personas comunes y corrientes realicen tareas geniales y extraordinarias. Si es usted consciente de ello, podrá hacer importantes contribuciones a la sociedad.

Si usted trabaja una media de ocho horas por día y duerme una media de ocho horas por noche, entonces se pasa trabajando al menos el 50 por ciento del tiempo en que está despierto. O sea que si su trabajo no le produce satisfacción ni le proporciona autorrealización, usted desperdicia la mitad de su existencia consciente.

Voy a desafiar a su inteligencia y su capacidad de reflexión. A través de las ideas propuestas en cada capítulo, tendrá la oportunidad de participar emocionalmente en el material aquí presentado. Aproveche esta oportunidad, pues su participación durante la lectura de este libro tendrá grandes repercusiones en su vida a partir de este mismo momento.

¿Comenzamos?

*

¿Cuál es la razón de su existencia? ¿Por qué está usted aquí?

Algunas personas pasan por la vida como «tubos». Comen, beben y van al cuarto de baño. Comen, beben y van al cuarto de baño. Comen, beben y van al cuarto de baño...

Espero que este no sea su caso, que desee ser algo más que una «máquina» entre millones de «máquinas» humanas y que sepa vivir una vida apasionante, llena de emociones y de aprendizajes. Viviendo intensamente, haciendo lo que le guste del modo en que le guste, permitiéndose soñar y procurando que los sueños se hagan realidad, usando nuevos paradigmas, aprendiendo y enseñando, conociendo y recreando, contribuirá eficazmente al desarrollo de la humanidad.

Creo que después de nuestra muerte nos harán dos preguntas básicas:

1) ¿Qué ha aprendido en su vida en la Tierra?

2) ¿Cómo ha contribuido su existencia a la humanidad en su conjunto?

*

Usted aprende haciendo preguntas y contribuye dando respuestas. Por consiguiente..., imagine que va a visitar a un

guru que vive en un país lejano. Tiene que esperar pacientemente 30 años para tener esa oportunidad, hasta que al fin
llega su hora.

Cuando está entrando en los aposentos del anciano sabio,
le avisan de que sólo podrá hacerle una pregunta, solamente
una. Y él le dará la respuesta exacta a esa pregunta.

¿Cuál sería su pregunta?

_____

_____

_____

Toda moneda tiene dos caras. Todo el universo está
construido de forma binaria: bien-mal, frío-caliente, posi-
tivo-negativo, noche-día, amor-odio, etcétera.

Entonces, imagine ahora que se ha transformado en una
especie de guru. Pero, en este caso, está en su lecho de
muerte a punto de recibir la visita de la persona que más
ama en la vida. Esa persona viene de muy lejos para verle
por última vez y oír de sus labios un consejo definitivo. Su
último mensaje servirá para guiar el futuro de esa persona
por la que usted siente un afecto especial.

Pero usted ya está muy débil en sus últimos momentos
de vida y sabe que sólo conseguirá decir unas pocas palabras.

¿Cuál sería el mensaje que dejaría a la persona amada?*

_____

_____

_____

* Cuando termine de leer el libro, vuelva a esta página y haga de nuevo
este ejercicio. Luego compare las respuestas que ha dado ahora con las que
habrá dado después de la lectura.

*

Un libro ha de ser como un hacha de hielo, para rom-
per el hielo que nos rodea. Si el libro que estamos
leyendo no nos despierta, como un puño que nos mar-
tilleara la cabeza, entonces no vale la pena leerlo.

FRANZ KAFKA

Como ve, este libro ha sido escrito para efectuar en usted una transformación. No sólo un cambio de ideas como el que propone la mayoría de los libros, sino una transformación concreta. Es importante que lea estas páginas siendo consciente de que su finalidad es cambiarlo. Como quien se muda de una ciudad a otra, usted tiene ahora la oportunidad de mudarse a un mundo nuevo, un mundo que ya ha llegado y está aquí mismo, pero que sólo unos pocos perciben. ¿No me cree cuando le digo que existe un nuevo mundo? Entonces, continúe leyendo...

El primer robot industrial comenzó a fabricarse en los años sesenta. Hoy existen, sólo en Estados Unidos, más de veinte millones en funcionamiento.

Los materiales informáticos son hoy ocho mil veces más baratos que hace 30 años. ¿Se imagina lo que eso significa? Según la comparación de Randall Tobias, ex vicepresidente de la ATT, «si se hubiera dado un progreso semejante en la tecnología automovilística, hoy por dos dólares se podría comprar un Lexus (coche japonés tan caro como el Mercedes Benz) que viajaría a la velocidad del sonido y haría 960 km con un dedal de gasolina».

¿Impresionado por el avance tecnológico? Creo que ha de estarlo, porque estos datos impresionarían al mismísimo Albert Einstein.

La fábrica del futuro sólo tendrá dos empleados: un hombre y un perro: el hombre para dar de comer al perro, y el perro para impedir que el hombre toque las máquinas.

WARREN BENNIS

*

¿Quiere experimentar ahora una paradoja en acción?

En el planeta Tierra tenemos:

- 51.000 armas nucleares,
- 16 guerras declaradas,
- 900 millones de adultos analfabetos,
- y gastamos 36.000 dólares al año en cada soldado y sólo 1.100 dólares al año en cada estudiante.

Como puede ver, la preparación para la guerra y la destrucción es mucho mayor que la preparación para la paz, la alegría y la armonía universal.

¿Tiene usted alguna explicación para esta paradoja terrestre?

*

La tecnología se desarrolla, pero el humanismo no ha crecido al mismo nivel. En los próximos años la evolución tecnológica será aún mayor y más intensa y provocará numerosos cambios en nuestra forma de vida.

Las organizaciones no tienen forma de impedir ese proceso de transformación. Ni la Iglesia, ni el Estado, ni el sistema de enseñanza, ni las empresas son capaces de frenarlo. Lo mejor que pueden hacer es adaptarse e intentar organizar esos cambios en su estructura interna y en sus relaciones con el mercado. Las organizaciones más inteligentes cambiarán antes, garantizándose así un lugar en el futuro. Las que no cambien no tendrán futuro.

El mejor momento para reparar un tejado es cuando el tiempo está estable y brilla el sol.

Las reglas de juego están cambiando. Debido a las nuevas tecnologías y la competencia global, el funcionamiento de las empresas se está reestructurando y el trabajo cambia de naturaleza; por ello es necesario que revise su la relación con su empresa y la relación de su empresa con el mercado.

Por este motivo, hoy en día se hace tanto hincapié en la reingeniería en todos los segmentos, modos y procesos de producción de las empresas. Sin embargo, también es cierto que las transformaciones producidas por la reingeniería son apenas el comienzo de un proceso aún más radical.

Es el momento de cambiar paradigmas en el trabajo. El despacho del futuro, por ejemplo, no conservará casi nada del concepto actual. Hablar de «despacho virtual» puede parecer una idea lejana, una especie de ficción científica, pero será una realidad mucho antes de lo que usted se imagina. ¡Y no se quedará ahí! Prepárese para trabajar en «empresas virtuales».

*

Lo mejor que usted puede hacer es renovarse constantemente, introducir novedades en su vida, mejorar como ser humano y saber crear su propio futuro.

La única ventaja para competir que usted posee es la capacidad de aprender más rápidamente.

El éxito en el pasado no garantiza el éxito en el futuro. Para que usted cree y mantenga el éxito en el futuro, es necesario que sea más navegante que estratega, que establezca redes de contacto en lugar de actuar jerárquicamente, que sea flexible y no rígido. Tenga como fuente de entusiasmo el cambio y no la estabilidad. Lidere con inspiración y sin dogmatismo.

Este libro le ofrece la posibilidad de entender mejor el pasado, vivir más intensamente el presente y plantearse de forma más inteligente el futuro.

Bienvenido al nuevo mundo, en el que todo se renueva constantemente.

La seguridad sólo es una superstición.
No existe en la naturaleza.
La vida es una aventura o no es nada.

HELLEN KELLER

Reorientación
virtual

1

Integración
holista

EXCELENCIA
PERSONAL

5

2

4

3

Previsión
de mercado

Innovación
empresarial

2.1

Autocontrol

Cuidar de uno mismo

Usted probablemente se preguntará por qué un libro destinado a crear y mantener el éxito empresarial, comienza hablando sobre el autocontrol.

La respuesta es muy simple.

Si no consigue dirigir su propia vida, le resultará difícil dirigir la de los demás.

No puede ofrecer lo que no posee.

¿Quién soy yo?

Tal vez ya se haya hecho esta pregunta varias veces y probablemente no haya encontrado la respuesta.

¿Por qué? Porque no se puede dar una respuesta adecuada a una pregunta mal planteada. Cambiemos, entonces, la pregunta.

La pregunta debería ser:

¿Quiénes somos nosotros?

El «yo» es, en realidad, un conjunto de energías. Usted posee diferentes «yos» en diferentes contextos. Por ejemplo: si está casado, no **todo** usted lo está, sino sólo una **parte** suya; si es padre o madre, no todo usted lo es, sino sólo una parte suya, etcétera.

Usted es un ciudadano en la sociedad, un profesional en la empresa en la que trabaja, con un determinado cargo y distintas responsabilidades y funciones, y también es una persona en la intimidad de su hogar.

Controlar el «yo», en realidad, es controlar el «nosotros». Usted puede considerarse un excelente profesional y un pésimo padre de familia, o viceversa. ¿No es verdad?

Cuando el «yo» hace algo mal, no se equivocan todos los «yos», sino sólo una parte del conjunto. ¿Le sirve esto de ayuda? Pero recuerde: una manzana podrida en un cesto de manzanas sanas puede pudrir todas las demás.

¿Cómo controlar el conjunto?

> *Cuando me desprendo de lo que soy, comienzo a ser lo que debería ser.*
>
> TAO

En las cosas hechas por el hombre, la estructura siempre debe seguir a la estrategia; es decir, primero determino mi estrategia y a continuación creo una estructura para aplicar en ella la estrategia.

En las cosas o seres hechos por la naturaleza divina, la estructura ya viene dada. Por lo tanto, necesitamos entender la estructura para desarrollar una estrategia de control.

Si usted no sabe dirigir su vida, alguien lo hará por usted y tal vez de una forma que no le guste.

Dirigir bien la propia vida es saber mejorar la salud, aumentar la prosperidad, el éxito, la felicidad, la paz de espíritu, la armonía familiar, etc., y al mismo tiempo reducir miedos, culpas, ansiedades, resentimientos, frustraciones y tristezas.

La libertad es lo que haces con lo que te han hecho (Jean-Paul Sartre).

Hemos dicho que el «yo» es un conjunto de energías. Esas energías pueden manifestarse en varios niveles de vibración: el físico, el mental, el emocional y el espiritual.

A medida que usted se vuelve capaz de controlar niveles jerárquicamente superiores de su ser, su estrés disminuye y su rendimiento aumenta.

El secreto está en mantener el «flujo» en todos esos ámbitos.

Controlar el cuerpo

El cuerpo no es ni dependiente ni independiente de los niveles mental, emocional y espiritual; es, de hecho, interdependiente. Lo que ocurre en un nivel tiene consecuencias en los otros.

Su apariencia física tendrá un impacto fundamental en la primera impresión que los demás se llevan de usted. Vivimos en una sociedad extremadamente visual, y la apariencia es importante. Además, el cuerpo es el templo del alma. Usted tiene un cuerpo y es un alma.

Alimentación

Coloque gasolina mezclada con agua en el depósito de un BMW y perjudicará seriamente el funcionamiento del motor.

Si tuviese un caballo de carreras que le hubiera costado un millón de dólares, ¿se ocuparía de alimentarlo de manera saludable y adecuada? Ya lo creo que sí. ¿Y qué puede decirme de su cuerpo? ¿Se preocupa de lo que come de la misma manera que se preocuparía de la alimentación de su caballo de un millón de dólares? ¿Su cuerpo vale más o menos?

¿Es consciente de que su cuerpo necesita vitaminas, proteínas, hidratos de carbono, grasas y sales minerales? ¿Podría responder ahora, sin vacilar, si está satisfaciendo estas necesidades adecuadamente? Procure leer más sobre este tema en otros libros, y sobre todo, procure ser más consciente de lo que su cuerpo le pide. Nuestro cuerpo nos informa claramente de lo que le va bien y lo que no le va bien. Si usted no entiende los mensajes que su cuerpo le envía antes de comer o de hacer otras cosas, o los entiende pero no les da importancia, acabará comprendiéndolos y dándoles importancia en un estado más avanzado de malestar, dolor o enfermedad.

El hombre es lo que come y lo que piensa.

Si prestase más atención a las necesidades de mi cuerpo:

1. Algo que no hago y comenzaría a hacer es...

_____

_____

_____

2. Algo que hago y que dejaría de hacer es...

_____

_____

_____

Procure ingerir alimentos que le den energía suficiente para tener un buen rendimiento, no sólo físico, sino también intelectual. Procure evitar los alimentos perjudiciales para un buen metabolismo cuando se consumen sin moderación, como, por ejemplo, la sal, el azúcar, las grasas y la

24

cafeína. Un exceso de esos alimentos nos provoca más molestias después de su ingestión que el placer de ingerirlos. Recuerde: en exceso, todo mata, hasta el agua.

Un BMW con el depósito vacío no va
a ninguna parte.

Es importante que distinga entre *alimentación* y *nutrición*. Al comer una hamburguesa, se estará alimentando, pero no necesariamente nutriéndose.

Nutrirse significa algo más que simplemente alimentarse; significa proporcionar a las células los nutrientes necesarios para su buen funcionamiento.

Lo que suele comer, ¿alimenta su estómago, sacia su apetito, pero no nutre sus células?

_____

_____

_____

Ejercicio físico

Procure hacer ejercicio físico diariamente, porque produce cambios en su metabolismo y hace que piense y se sienta mejor. Así resistirá más los perjuicios del estrés.

El mejor tipo de ejercicio es el aeróbico. Se consideran aeróbicos los ejercicios que hacen que el ritmo cardíaco alcance una cierta frecuencia y la mantenga durante un determinado período.

La Asociación Cardiológica de Estados Uidos sugiere que, durante el ejercicio aeróbico, se tenga como meta el resultado de la siguiente fórmula:

$$220 - \text{(su edad)} = \text{frecuencia cardíaca máxima}$$

Calcule de un 60 a un 75 por ciento de su frecuencia cardíaca máxima. Éste será el ritmo cardíaco que deberá mantener durante 20 o 30 minutos un mínimo de tres veces por semana. Ejemplo: una persona de 40 años de edad tendría como objetivo:

$220 - 40 = 180$
60% de $180 = 0,60 \times 180 = 108$
75% de $180 = 0,75 \times 180 = 135$

Es decir, para obtener beneficios de la gimnasia aeróbica, una persona de 40 años de edad tendrá que hacer ejercicio manteniendo su ritmo cardíaco entre 108 y 135 pulsaciones por minuto durante un período de 20 a 30 minutos tres veces por semana.

Elija ejercicios que cumplan la ley del menor esfuerzo, o sea, haga lo que le guste. De esa forma estará motivado para continuar practicando durante mucho tiempo. Caminar es lo más recomendable, ya que difícilmente le causará algún perjuicio. Gracias a las cintas deslizantes se puede andar sin salir de casa.

Diversión y relajación

> *Es muy sabido que los espíritus creativos sobreviven a cualquier tipo de mala formación.*
>
> ANNA FREUD

Descanse bastante, pero ni más ni menos de lo necesario. Sintonice con las necesidades de su cuerpo. La cantidad necesaria de descanso y sueño varía según la persona. Descubra la medida que lo haga sentir bien, y no juzgue a los demás por el hecho de que precisen dormir más o menos horas que usted. No es dormir poco o mucho lo que nos hace más o menos productivos, sino la forma en que aprovechamos el tiempo.

Pero no sucumba a la famosa pereza matinal. Lo mejor que puede hacer es levantarse inmediatamente después de abrir los ojos. Si lo hace así, se sentirá con mucha más vitalidad durante el día.

Del mismo modo que las horas de sueño son importantes, también el ocio es fundamental. La diversión y la alegría son indispensables para el equilibrio físico y emocional.

Notará una gran renovación de energía cuando tenga niños a su alrededor, especialmente si se permite ser un niño como ellos.

También en los momentos de trabajo, y no sólo en los de ocio, la diversión y la relajación son positivas y necesarias.

En primer lugar, procure mantener en su trabajo un ambiente alegre y distendido. Los profesionales con buen humor trabajan mucho mejor que los empleados malhumorados e irritados.

Las presiones de la vida, especialmente de la vida profesional, hacen que muchas personas estén estresadas. Aprender a controlar el estrés puede ser muy positivo para su éxito profesional y su bienestar personal.

El estrés no es necesariamente algo malo. En cantidades moderadas incluso aumenta el rendimiento de la persona ayudándola a conseguir más de lo que consideraba posible. El estrés se vuelve mortífero cuando es excesivo.

Procure relajarse cinco minutos cada 60 minutos de trabajo. No es tiempo perdido, sino bien invertido en su propio bienestar.

El doctor Herbert Benson, de la Universidad de Harvard, fue un pionero en la enseñanza de las técnicas de relajación para ejecutivos. Después de varios años de experiencia, demostró los efectos benéficos de esas técnicas.

Entre otros ejercicios físicos, la relajación disminuye los ritmos respiratorio y cardíaco y el consumo de oxígeno, y normaliza la presión en las personas que la tienen alta. Las técnicas de relajación, como demostró el doctor Benson, también pueden ser útiles para eliminar las dependencias de las drogas, el alcohol y el tabaco.

Controlar la mente

Las herramientas de la mente se vuelven inútiles cuando ya no existen las condiciones que las hacían necesarias.

HENRI BERGSON

Su mente es como un ordenador. El *hardware* es la estructura neurológica, y el *software,* la programación lingüística que usted coloca en ella. La estructura neurológica tiene básicamente tres niveles en orden jerárquico ascendente.

1. Cerebro reptiliano

Se ocupa de las funciones vitales: el ritmo cardíaco, la respiración pulmonar, el metabolismo hepático, etc.

2. Cerebro límbico
Es el responsable de las emociones.

3. Neocórtex
Es el responsable de la cognición, el habla, la creatividad, etc. Se divide en dos hemisferios, el izquierdo y el derecho, que contienen la capacidad de diferenciar unas cosas de otras en diversas áreas: verbal, matemática, espacial, corporal, interpersonal e intrapersonal. El hemisferio izquierdo es lógico, digital, temporal y detallista. El hemisferio derecho es ilógico, analógico, atemporal y holista.

CREATIVIDAD:
Crear lo inesperado (hemisferio derecho)
y hacerlo útil (hemisferio izquierdo).

Cualquier incongruencia entre estos dos hemisferios provoca la depresión del sistema inmunitario y nos vuelve más propensos a las enfermedades. El equilibrio entre los dos hemisferios es uno de los secretos para vivir bien.

Hay gente que lee un libro del principio al final sin poner en práctica ninguna idea nueva en su vida.

Controlar las emociones

Las emociones no son hechos, sino la explicación que damos a los hechos. Un mismo hecho puede agradar a una persona y desagradar a otra.

29

Alguien lanza una piedra contra un cristal. El dueño del cristal se enfada y el vidriero se siente contento.

Cuando experimente una emoción negativa, pregúntese cuál es la creencia o el juicio que hay detrás de su reacción, y decida si es válido que continúe sintiéndose así o no.

Otro modo de volverse un observador de la situación es hacerse la siguiente pregunta: ¿Me importará esto dentro de 10 años?

Al tratar de responder a esta pregunta con sinceridad, para usted mismo, inmediatamente su explicación del hecho cambia y, en consecuencia, cambian sus emociones.

Es importante resaltar que el nivel de felicidad es inversamente proporcional al grado de expectativa. Cuanto mayores sean sus expectativas, más difícil será que la realidad se aproxime a lo que se imagina.

Controlar la espiritualidad

No somos seres humanos que tienen una experiencia espiritual. Somos seres espirituales que tienen una experiencia humana.

TEILHARD DE CHARDIN

Esta es la parte más difícil y abstracta de todas. El control adecuado de este nivel se refleja de un modo positivo y duradero en todos los demás niveles.

Cada uno de nosotros expresa la espiritualidad de forma diferente. Por medio de nuestros valores, mostramos a nuestros hijos y nietos cómo reaccionamos a los conflictos y las pérdidas, y cómo encaramos los períodos de éxito y de suerte.

Fijar la mente en lo eterno, aquí y ahora, es una poderosa forma de meditación y relajación que se puede practicar en cualquier momento, en cualquier lugar, incluso durante las actividades más simples y triviales, como lavar el coche, limpiar los zapatos, cocinar o guardar la ropa. Con cada movimiento de su cuerpo respire lentamente, prestando atención al inspirar y al espirar, y concéntrese en lo que está haciendo, desligándose totalmente del pasado y del futuro.

Estas sugerencias son muy simples, pero tomadas en serio y hechas con amor pueden transformar su vida.

La meditación también es un instrumento de control y puede utilizarla en su vida profesional cotidiana.

Hay técnicas muy diversas (concentración, contemplación, visualización, uso de mantras, etc.), pero todas conducen al mismo objetivo.

Igual que en el ejercicio físico, siga la ley del menor esfuerzo y utilice la técnica más adecuada a su estilo y su personalidad.

El poeta estadounidense Ralph Waldo Emerson consiguió sintetizar la esencia de la espiritualidad en la siguiente descripción:

Reír con frecuencia y amar mucho;
ganarse el respeto de las personas inteligentes
y el amor de los niños;
conseguir la aprobación de críticos honestos;
apreciar la belleza;
darse;
dejar el mundo un poquito mejor,
con un niño más sano,
un jardín más florido
o una condición social más elevada;

jugar y reír con entusiasmo
y cantar con exultación;
saber que por lo menos una vida
pudo respirar más fácilmente
porque has vivido.
Eso es haber tenido éxito.

Conclusión

Somos conjuntos de energía y la estrategia del autocontrol depende de la estructura que haya que controlar.

El carro nunca puede ir delante de los bueyes. Primero aprenda a dirigirse a usted mismo y luego podrá dirigir a los demás.

2.2

Liderazgo

Aprender de los maestros

¿Los líderes nacen o se hacen con el entrenamiento y la experiencia?

Esta es la primera pregunta que surge cuando se discute el tema del liderazgo.

Warren Bennis, profesor de Administración de Empresas y uno de los más destacados especialistas mundiales en este campo, define el liderazgo como *la capacidad de crear una visión apasionante, transformarla en una realidad y mantenerla durante largo tiempo*. La experiencia que ha acumulado después de una vida entera dedicada a asesorar a empresas multinacionales y agencias gubernamentales de todo el mundo, le permite afirmar que la capacidad de liderazgo puede transferirse de un cerebro a otro.

Para que una cocinera haga un pastel, necesita los ingredientes básicos. Las diferentes recetas requieren distintos ingredientes, a pesar de que algunos son constantes en todos los pasteles. El liderazgo es más o menos lo mismo. Cada líder posee sus propios «ingredientes». Del mismo modo que existen diferentes pasteles, existen diferentes líderes.

No tengo aquí la pretensión de ocuparme de todos los ingredientes imaginables de todos los posibles «pasteles», pero sí voy a hablar de algunos de los ingredientes básicos que considero esenciales en cualquier buen «cocinero».

La estrella al pie de esta página muestra cuáles son esos ingredientes. Memorícelos bien, pues esta será una estrella guía para su capacidad de liderazgo en este caótico mundo de los negocios.

Visión

Sigue a la multitud, y nunca te verás seguido por una multitud.

ANÓNIMO

Es la hora de que la nueva generación tome el liderazgo y se enfrente a muevos problemas y nuevas oportunidades. Porque estamos ante un nuevo mundo que tenemos que ganar.

JOHN F. KENNEDY

El líder es ante todo un visionario; tiene la capacidad de pensar en aquello que todavía no existe; es capaz de dibujar el futuro con precisión en su mente; su neocórtex posee la habilidad de trazar el mapa de un territorio aún no explorado.

Si este mismo fenómeno se produjera en el cerebro de alguien que no fuera un líder, se diría que sólo se trata de un sueño. Pero el líder posee las otras características esenciales para transformar los sueños en realidad.

Todo acontecimiento importante viene precedido de una visión audaz. Cien años antes de que la cultura griega llegara a su apogeo, los líderes griegos ya imaginaban y comentaban el apogeo de su cultura. Cristóbal Colón visualizó el descubrimiento de América antes de descubrirla y convenció a los reyes de España para transformar esa visión en realidad. Henry Ford visualizó el modelo T como un medio de transporte para el gran público y con él cambió la concepción de los transportes y de toda la industria. Mahatma Gandhi previó la liberación de la India sin violencia. Martin Luther King visualizó a los ciudadanos estadounidenses con iguales derechos civiles. John F. Kennedy imaginó al hombre pisando la Luna casi una década antes de que ocurriera.

Usted piensa que entiende la situación, pero lo que no entiende es que la situación acaba de cambiar.

Anuncio de Putnam Investments

Cuando todas estas visiones surgieron en el cerebro de esos visionarios, sólo había una remota posibilidad de que se convirtieran en realidad en el futuro.

Es importante subrayar que ser visionario no es suficiente. Los otros ingredientes que componen la estrella del liderazgo son necesarios e interdependientes.

Una nación sin visión es una nación en peligro. Una empresa sin visión es una empresa en peligro. Una persona sin visión es una persona en peligro. Esta ceguera puede ser la causa de la derrota de una nación, la quiebra de una empresa o el fracaso de una vida.

Para transformarse en visionario hay que permitirse pensar en lo «imposible», y atreverse a realizarlo.

Si quiere un año de prosperidad, cultive arroz.
Si quiere diez años de prosperidad, cultive árboles.
Si quiere cien años de prosperidad, cultive personas.

Proverbio chino

Compromiso

Comprometerse es más que participar en una tarea o una acción. En el desayuno me sirvieron un plato de huevos con jamón; la gallina que puso los huevos participó, pero el cerdo se comprometió con mi desayuno (dio su vida para transformarse en jamón).

El líder de una empresa se compromete en cuerpo y alma con su visión empresarial y se propone hacer lo que sea necesario para convertirla en realidad.

El compromiso genera una energía que permite que el sueño se transforme en meta y la meta en realidad. Recuerde alguna situación en que haya estado totalmente comprometido e identificará fácilmente la energía que sentía al realizar aquella actividad. Sin compromiso, la visión sólo será un sueño inalcanzable.

El compromiso genera reponsabilidad, poder y confianza. Este es el secreto de los campeones, que sudan la camiseta por el placer de conquistar la victoria. Pero sudar no basta. Es necesario tener en cuenta también las otras puntas de la estrella.

Comunicación

Lidere, siga a un líder o hágase a un lado.

En la era de la agricultura mandaban los que poseían la tierra. En la era industrial los que tenían el capital. En la era de la información, manda quien tiene la información.

Pero la información sólo es válida cuando se transmite, y además es un producto altamente perecedero: a nadie le interesa leer el periódico de ayer.

En la era de la información, la comunicación es un factor esencial tanto para el éxito personal como para el profesional.

No puede haber un líder sin seguidores, y para que el líder conquiste y mantenga a un grupo de personas dispuestas a seguirle, es imprescindible que sepa comunicar su visión de un modo persuasivo.

El liderazgo es el arte de hacer que los demás quieran hacer algo que usted cree que debe hacerse.

VANCE PACKARD

El significado de lo que usted comunica es el resultado que obtiene.

La buena intención no es suficiente para que el mensaje se transmita de un cerebro a otro; antes que nada es necesario que los interlocutores tengan un idioma común. Por ejemplo, un japonés que hable en japonés con un alemán que sólo habla alemán no será capaz de convencerlo de nada.

Pero hablar el mismo idioma no es suficiente para que se establezca la comunicación. Si lo fuese, no habría tantos divorcios, divergencias y litigios en nuestra sociedad.

La primera preocupación de un líder, desde el punto de vista de la comunicación, es hablar el lenguaje de sus seguidores, y utilizo la palabra «lenguaje» en un sentido mucho más amplio que el idioma. El lenguaje engloba el conjunto de los sentidos por los que se transmite y se recibe la información. Los aspectos visual, auditivo y cinestésico (gestos, movimientos y emociones) son decisivos para la eficacia de la comunicación. Los líderes emplean intuitivamente estos recursos, y los que aún no saben usarlos pueden aprender a hacerlo.

Además de utilizar con eficacia esos tres canales de comunicación interpersonal, el líder ha de fijarse atentamente en los valores culturales y el estado mental de sus interlocutores, de modo que sus mensajes sean bien recibidos.

Es necesario que el cerebro del interlocutor esté receptivo para la comunicación y que no existan bloqueos que impidan la comprensión. Esos bloqueos, que la teoría de la comunicación llama «ruidos», son las perturbaciones de cualquier tipo (físico, mental, emocional, etc.) capaces de distorsionar el verdadero significado de lo que usted tiene en mente y desea comunicar.

Las creencias y preconceptos almacenados en la mente de su interlocutor son «ruidos mentales». La mente crítica se resiste a las informaciones que recibe cuando son diferentes de las que ya tiene almacenadas. El lenguaje metafórico es una de las formas más eficaces de romper esa resistencia de la mente crítica. El poder de la Biblia radica en que está escrita metafóricamente. La metáfora es un lenguaje de poder. Si usted consigue comunicar de un modo metafórico sus objetivos, le resultará más fácil romper las resistencias y conquistar mentes y corazones.

La metáfora es el lenguaje de los dioses.

Al comunicar una visión, el líder acostumbra a crear metáforas apropiadas a la realidad de quienes lo siguen, introduciendo en ellas sus ideas sobre los diferentes temas y sus instrucciones en cuanto a las actitudes que hay que tomar. Sus seguidores escuchan la historia sin resistencia alguna y el mensaje del líder impregna su subconsciente sin que se den cuenta.

A un líder no le basta con saber: debe saber que sabe, debe ser capaz de demostrar que sabe, y de transmitir lo que sabe a los que están a su alrededor.

Para lograrlo y tener éxito en el mundo empresarial, usted tiene que saber comunicarse bien con sus superiores, colegas, colaboradores y clientes. Eso significa no sólo expresarse claramente, sino también adaptar su mensaje a las necesidades, las preocupaciones, el temperamento y el vocabulario de sus interlocutores.

Antes de comunicarse bien con alguien, es necesario que usted haya establecido sintonía con su oyente. Eso significa crear en él fe y confianza en sí mismo, y es la parte más importante de cualquier interacción. Usted establece esa sintonía encontrando cosas en común con otra persona, un proceso que puede acelerarse si procura fijarse dónde está esa otra persona observando su tono de voz, su ritmo respiratorio y su lenguaje corporal.

Como regla general: sea humano, evite las jergas, escuche atentamente, fíjese en las informaciones que recibe y, cuando tenga que criticar, critique el comportamiento y no a la persona. Y procure entender el lenguaje corporal. Por ejemplo: inclinarse hacia delante significa: «Dígame, estoy interesado». Por otra parte, echar la espalda hacia atrás en la silla significa: «Déjeme pensar; por el momento no estoy convencido».

Integridad

No todo lo que es lucrativo es ético. Pero todo lo que es ético es lucrativo.

R. BUCKMINSTER FULLER

Sea usted mismo el cambio que quiere realizar.

MAHATMA GANDHI

Un líder sin integridad es como un coche con los neumáticos desinflados. Por bueno que sea el motor, por más gasolina que tenga en el depósito y por muy hábil que sea el conductor, el coche no va a poder ir muy lejos.

La integridad es el «pegamento» que mantiene los ingredientes de la estrella congruentemente armonizados; es la característica que une voluntades y energías, haciendo viable la realización de un ideal.

El líder representa la conciencia de la organización en que actúa, sea una empresa, un sindicato, el Gobierno, etc. Si el líder carece de integridad, la imagen y el funcionamiento de esa institución pueden desintegrarse en un breve plazo de tiempo.

Integridad significa un compromiso con la verdad, la apertura y la transparencia que conducen a la confianza. Usted no precisa recordar las mentiras que dice ni preocuparse de esconderlas. Lo más inteligente es ser honesto.

Ser íntegro significa que su organización se diferencia por sus valores. Usted y su organización necesitan tener ideales y un sentido del destino y conocer el valor de la grandeza.

En el mundo de los negocios, integridad significa integridad en los productos y servicios. También significa valorar y preservar la libertad. Implica un compromiso para que los demás tengan éxito: su jefe, sus empleados, su socio, sus colegas, sus clientes, y todos aquellos que directa o indirectamente se relacionan con su empresa. La integridad es la nobleza de carácter, el puntal que asegura los otros componentes del liderazgo.

La empresa y usted tienen obligaciones mutuas.

Ser coherente con sus valores y manifestarlos en su lenguaje y en su comportamiento, eso es integridad. Este concepto se aplica al líder en todas las dimensiones de su vida (familiar, social, profesional) e igualmente a la empresa como un todo: las actitudes que toma con respecto a la sociedad, su forma de comunicarse, su capacidad, su ética, la calidad de sus productos y de su atención.

La estructura fundamental en la que se apoya la integridad es la integración personal, interna, de su propia mente. Los dos hemisferios cerebrales necesitan estar en armonía. Siempre que haya una dicotomía entre lo que piensa el hemisferio izquierdo y lo que siente el hemisferio derecho, habrá una disipación entrópica (pérdida de energía) en el sistema vital. Por otro lado, cuando los dos hemisferios se integren, habrá una máxima optimación de la energía vital.

Un líder íntegro siempre es sensible a las personas y a sus necesidades, y está siempre dispuesto a servir. Es generoso por naturaleza y le interesa algo más que el dinero, el poder o la posición social. Con su sistema nervioso en armonía, el camino más fácil y natural será el de servir. El liderazgo es el deseo de servir a aquellos a quienes se lidera. Entender un problema en el mundo de los negocios y conocer su solución no es suficiente. La acción es fundamental, y esta acción la desencadena la voluntad de servir del líder, que satisface necesidades integradoras de su ser.

Había una vez cuatro individuos llamados Todo el mundo, Alguien, Nadie y Cualquiera. Siempre que había un trabajo importante por hacer, Todo el mundo estaba seguro de que Alguien lo haría. Cualquiera podría haberlo hecho, pero Nadie lo hizo. Cuando Nadie lo hizo, Alguien se puso nervioso porque Todo el mundo tenía el deber de hacerlo. Al final, Todo el mundo culpó a Alguien cuando Nadie hizo lo que Cualquiera podría haber hecho.

Realidad

Para dirigirse a cualquier lugar del planeta, es necesario saber de dónde se parte. De lo contrario, es imposible orientarse.

Tener conciencia de la propia realidad actual es imprescindible para marcarse una meta y alcanzarla.

Si usted es un navegante, tiene que saber cuál es la latitud y la longitud del lugar en que se encuentra. Si usted es un director de márketing, ha de conocer el mercado en el que actúa y la posición que ocupa su empresa en ese mercado, prestando atención a los detalles y utilizando toda la tecnología disponible para cotejar informaciones que le permitirán actuar con objetividad y sobrevivir a la competencia.

Tiene que saber cómo lo ven los demás y la opinión que los diferentes públicos tienen de su empresa. Lo que percibe es lo real; todo lo demás es pura ilusión.

Estar al tanto de la realidad actual le da poder para sobrevivir, le permite cuidar de usted mismo y de los que le acompañan en el mismo barco. Si no consigue sobrevivir, ¿de qué le vale tener sueños? Si su supervivencia está asegurada, podrá planear estratégicamente la puesta en práctica de sus sueños más audaces.

Intuición

Sobre todo en esta era de la información, la cualidad esencial del líder es tomar decisiones correctas con datos incompletos.

El volumen de conocimientos se duplica actualmente cada cuatro años, y a partir del año 2000 se duplicará cada veinte meses. En la velocidad de procesamiento de los *chips* de los ordenadores y de los recursos de la telecomunicación, surgen novedades a cada milésima de segundo. Es completamente imposible para un ser humano mantenerse informado de todo lo que sucede en su área de actividad o en su segmento de mercado. No se engañe: cuando llegue a entender totalmente este mercado, el mercado ya será otro.

En los últimos 30 años se ha generado más información que en los últimos cinco milenios. Una sola edición diaria del *New York Times* contiene más información que la que una persona que vivía en Inglaterra en el siglo XVII podía recibir durante toda su vida.

La intuición es una habilidad del hemisferio derecho del cerebro, que, por desgracia, no se estimula e incluso se reprime en el sistema educativo de nuestra sociedad.

En las empresas, sólo desde hace muy poco comienza a valorarse el proceso intuitivo como instrumento de «navegación» en el mundo caótico e imprevisible en que vivimos.

2.3

Negociación

Influir con integridad

Como decía Benjamin Franklin, sólo debe haber negocio si es ventajoso para ambas partes.

Con este principio, valiosísimo para su época y válido aún hoy, la sabiduría de Franklin ya anticipaba la esencia del juego del *ganar-ganar,* una actitud fundamental en la nueva ética de las negociaciones: para que yo gane, usted no necesita perder, a no ser que insista; en ese caso, el problema es suyo. Ganar-ganar o perder-perder.

En la dinámica de la negociación, usted puede influir en su interlocutor o manipularlo.

Cuando su actitud e intención es del tipo «ganar-ganar», usted está influyendo; ejerce su capacidad de comunicación para llegar a un acuerdo que será bueno para las dos partes interesadas.

Usted manipula cuando su actitud o intención es del tipo «ganar-perder». Para que usted gane es necesario que la otra persona pierda. Por desgracia, todavía es muy común este tipo de juego. Son muchos los que practican esta clase de negociación en todas las áreas de los negocios y en todos los tipos de relaciones interpersonales.

Sin embargo, a largo plazo el hechizo se vuelve contra el hechicero: los juegos del «ganar-perder» generalmente degeneran hacia el «perder-perder».

Ceder por el otro

En un proceso de comunicación oral entre dos personas, la comunicación se da en diferentes niveles.

a) Boca-oído

En este tipo de comunicación, el oyente no siempre tiene el receptor adecuado o preparado para recibir correctamente lo que la otra persona le dice. Si los niveles cerebro-cerebro y corazón-corazón no están involucrados, el mensaje «le entrará por un oído y le saldrá por el otro».

b) Cerebro-cerebro

El cerebro del emisor codifica la información de modo que sea captada y descodificada correctamente por el cerebro del receptor. Cuanto mayor sea la eficacia con que se transmita la información, mejor será el nivel de comprensión. Esa eficacia dependerá no sólo del canal auditivo (boca-oído), sino también del nivel visual (ojos) y del nivel cinestésico (propiocepción, emoción, movimientos). El uso integrado de estos tres niveles confiere mayor poder a la comunicación.

Persona adecuada

1

Conocer al
interlocutor

Cierre

6

2

5

3

Momento
adecuado

Objetivos

4

Objeciones

c) Corazón-corazón

En este tipo de comunicación, la integración entre los dos interlocutores es total. Y es aquí donde el juego del «ganar-ganar» se muestra más completo, porque las dos personas están involucradas en el proceso de tal forma que una cede en favor de la otra y viceversa.

Estos tres niveles son acumulativos. La comunicación entre cerebros depende inicialmente del nivel boca-oído. Y el nivel corazón-corazón sólo es posible cuando los dos primeros se dan satisfactoriamente.

Las mejores negociaciones se realizan cuando la comunicación se da de corazón a corazón.

Persona adecuada

Un veinte por ciento de las negociaciones no se concretan porque se negocia con alguien que no tiene poder para hacerlo o para cerrar el negocio.

Imagine que está listo para cerrar un negocio después de haber presentado todos sus argumentos y de haber hecho las concesiones posibles, como un descuento en el precio, por ejemplo. En ese momento su interlocutor le comunica que no tiene autoridad para tomar la decisión final y que necesita consultar con su jefe. Eso significa que el jefe intentará conseguir un descuento aún mayor para cerrar el negocio. Sólo así podrá demostrar que también es un buen negociador. ¡Sin eso no podría justificar su cargo!

Evite situaciones como ésta preguntando antes de comenzar la negociación si la persona con quien va a negociar posee o no autoridad para llegar a un acuerdo definitivo. Si no la tiene, solicite que alguien con autoridad esté presente en la reunión, o que tenga en cuenta que usted no podrá hacer todas sus concesiones, ya que tendrá que reservar algunas para satisfacer las exigencias de quien realmente posee autoridad para cerrar el negocio.

> *Desde el punto de vista teórico,*
> *todo en el universo físico es negociable.*
> *Desde el punto de vista práctico, casi todo.*

Conocer al interlocutor

Los principales elementos que van a interferir en una transacción son invisibles e intangibles. En realidad, todos negociamos teniendo en cuenta nuestros valores (conceptos mentales que son importantes para nosotros).

Por ejemplo, una persona va a comprar un coche y yo le pregunto:

–¿Qué es lo más importante para usted en el coche que quiere tener?

Si me responde con palabras como «comodidad», «seguridad» y «economía», son esos valores lo que va a comprar realmente. El coche sólo es el instrumento que le proporcionará un estado mental de comodidad, seguridad y economía.

Si consigue detectar los valores de su interlocutor, tendrá muchas más posibilidades de concluir con éxito y armonía la negociación con él.

Procure tener una perspectiva lo más amplia posible de la situación. Es importante hacer preguntas y escuchar con atención, pues cuanta más información obtenga sobre su interlocutor, más opciones tendrá a su disposición. En una negociación, quien dispone de mayor número de opciones controla los términos de la discusión.

Tenemos dos oídos y una boca. La naturaleza
nos muestra que estamos hechos más para escuchar
que para hablar.

Objetivos

Antes de iniciar cualquier negociación es necesario prepararse previamente para ella, haciéndose, por ejemplo, preguntas como las siguientes:

49

–¿Cuáles son mis metas y objetivos en la negociación que voy a iniciar?

_____

_____

_____

_____

–¿Hasta qué punto estoy dispuesto a hacer concesiones sin poner en peligro mis metas?

_____

_____

_____

Tener un objetivo en mente al hacer cualquier negociación le permitirá ser más paciente y persistente en su capacidad de influir. También le permitirá usar su generosidad con discreción. No se atenga a los pequeños detalles y de vez en cuando haga algunas concesiones que no afecten a su objetivo final. Si no se tiene en mente con claridad cuál es el objetivo final, resulta difícil emplear tácticas o estrategias rebuscadas.

Si no sabes hacia qué puerto estás navegando,
ningún viento es bueno.

SÉNECA

Objeciones

La gente sólo ve aquello para lo que está preparada.

RALPH WALDO EMERSON

Durante una negociación siempre habrá objeciones, implícitas o explícitas, que generalmente se resumen en dos puntos críticos: tiempo y dinero.

Cuando escuche por primera vez una objeción, la mejor táctica es fingir que no la ha escuchado, ya que tal vez no se repita más durante la negociación.

Un solo hecho no establece una tendencia.

Si la escucha por segunda vez, es mejor que se enfrente a ella, porque persistirá hasta el final de la negociación.

No sirve de nada hacer como el avestruz, que esconde la cabeza en la tierra, porque la objeción volverá a molestarle. Enfrentarse a la objeción no significa discutir con el interlocutor, sino ponerse de acuerdo con él, aprovechando la oportunidad para enfatizar las ventajas del producto, servicio o idea que usted está tratando de vender.

No importa lo que usted diga. Lo que importa es la atención que usted pueda despertar.

Si usted está acostumbrado a negociar y una determinada objeción es constante en sus negociaciones, le sugiero que la mencione antes que su interlocutor. Así tendrá menos fuerza. Por ejemplo, imagine que vende usted un servicio y que todas las veces que ha negociado su venta le han hecho objeciones en relación con el precio. Cuando lo vaya a negociar nuevamente, mencione antes que su interlocutor esa objeción, de la siguiente manera:

–Sabemos que la inversión es grande, pero... (haga hincapié en las ventajas).

El cambio de la palabra «precio» por la palabra «inversión» ya proporcionó a las empresas estadounidenses aumentos de alrededor del 20% en la facturación. Psicológicamente, «precio» significa algo que está saliendo de mis bolsillos, mientras que «inversión» significa algo que está entrando en mi cartera. El lenguaje crea la realidad.

> *No quiero inventar nada que no se venda.*
> *La venta es una prueba de utilidad,*
> *y la utilidad es éxito.*
>
> THOMAS A. EDISON

Momento adecuado

Ni antes ni después. Todo tiene su momento.

Todo en la vida tiene su momento. Hay un momento para nacer, otro para crecer y otro para morir. Hay un momento para hablar y otro para escuchar. En las negociaciones es muy importante tener en cuenta el momento adecuado.

Es como cocinar arroz: si apagamos el fuego antes, tendremos arroz crudo; si lo dejamos un poquito más del tiempo justo, el arroz se quema. Si los negociadores intentan cerrar el negocio en un momento inoportuno, o antes o después del momento adecuado, la negociación no se concreta o tiene un mal resultado.

El cierre del negocio debe darse de modo espontáneo y natural, como consecuencia de una serie de maniobras estratégicas que van desde el establecimiento de una buena relación, creándose una confianza mutua, hasta el descubrimiento de las necesidades de la otra persona, la demostración de nuestra capacidad para satisfacerlas y la presentación de nuestro producto, servicio, idea o talento, que ofreceremos a nuestro interlocutor como forma de satisfacer sus necesidades.

Si esa oferta se hace en un momento inadecuado, difícilmente la negociación responderá a nuestras aspiraciones.

Cierre

Una negociación no termina hasta que acaba.

Este momento, crucial en una negociación, es decisivo para que usted alcance su objetivo de un modo que también sea ventajoso para la otra parte.

Para facilitar el cierre, es necesario que se hayan discutido todas las objeciones. En el caso de que no hubieran desaparecido, recurra al concepto de jerarquía de ideas, que puede entenderse de la siguiente forma: cada objeción se da en un determinado nivel jerárquico del pensamiento, pero en un nivel jerárquico superior esa objeción quizá no exista.

Por ejemplo: una pareja en proceso de divorcio negocia sobre la educación de los hijos y no consigue llegar a un acuerdo. Mientras cada uno de ellos se aferre a su posición, sin la perspectiva más amplia de la jerarquía de ideas, no conseguirán llegar a ningún acuerdo. Pero si un intermediario les preguntara por separado: «¿Cuál es el objetivo de su posición?», los dos probablemente responderían: «El bienestar de nuestros hijos».

O sea, en una posición jerárquica superior los dos están de acuerdo: ambos quieren el bienestar de sus hijos.

Todo lo que existe en el universo físico existió antes en la mente de alguien. El cierre de una negociación se produce en primer lugar en la mente de los negociadores.

Cerrar una negociación a partir de una posición en la que ambas partes estén de acuerdo es mucho más fácil que hacerlo desde una posición de desacuerdo total.

Otra táctica interesante cuando no se consigue llegar a un acuerdo es solicitar «tiempo muerto», es decir, una pausa, e ir al lavabo o a tomar un café. Muchos partidos de baloncesto o de balonvolea los ganó el equipo que iba perdiendo a partir del momento en que su entrenador pidió tiempo muerto, y el equipo que ganaba, por confiarse demasiado, acabó perdiendo. Esta misma táctica puede utilizarse en una mesa de negociación.

Asimismo, las preguntas abiertas (que no pueden responderse con un sí o un no) y las preguntas alternativas facilitan el proceso de negociación. Por ejemplo:

—Si usted me contratase como asesor de su empresa, ¿preferiría que los informes se los entregara cada quince días o cada mes?

Para que tenga sentido que la persona conteste a esta pregunta, es necesario que antes me contrate como asesor (aunque en ese momento la contratación sólo sea una hipótesis en su mente) para luego decidir si debo entregarle los informes cada quince días o cada mes. Esto quiere decir que, lingüísticamente, estoy creando el futuro en la mente de mi interlocutor.

2.4

Motivación

Hacer que otra persona haga algo

Los demás no hacen lo que hacen para los otros, sino para ellos mismos. Todos tenemos razones internas propias que justifican nuestro comportamiento.

Un líder, por más brillante que sea, nunca será capaz de motivar a nadie. Todos los seres humanos están automotivados. La motivación es algo que va de dentro a fuera.

Lo máximo que podemos hacer es crear un ambiente lingüístico donde los demás colaboren con nosotros sintiéndose automotivados para hacer lo que hay que hacer.

Las personas no cambian sus actitudes a no ser que obtengan una recompensa clara si ese cambio se produce.

Después de muchos años de investigación, Fran Tarkenton, un famoso especialista en el campo de la motivación, demostró que, cuando se refuerza un comportamiento deseable, por lo general gracias a resultados positivos, tiende a continuar mejorando. Por otro lado, un comportamiento que suele tener consecuencias negativas tiende a disminuir con el tiempo.

Los hallazgos de la investigación de Tarkenton confirman que el cerebro trabaja cibernéticamente. La cibernética es la disciplina que estudia los sistemas autónomos, cuyo funcionamiento se perpetúa a través de la retroalimentación. Por ejemplo, el termostato de un aparato de aire acondicionado regula el funcionamiento del aparato detectando la temperatura del ambiente.

Un comportamiento productivo no reconocido tiende a empeorar. Es como si hubiera una avería en el dispositivo de retroalimentación, que deja de enviar al sistema informaciones vitales para su correcto funcionamiento.

A fin de crear un ambiente lingüístico que proporcione a sus colaboradores la automotivación necesaria para trabajar con el mismo interés que usted, es necesario establecer objetivos realistas y significativos conocidos por todos. Además, lleve registros del rendimiento de cada miembro de su equipo con respecto a esos objetivos.

¿Cómo motivar a los empleados?

No sabemos nada sobre la motivación. Todo lo que podemos hacer es escribir libros sobre ella.

PETER DRUCKER

Una vez más: ¿cómo motiva usted a sus empleados?, es el título de un artículo de Frederick Herzberg, otro famoso especialista en el campo de la motivación empresarial. Escrito en 1968, es el artículo más leído de todos los publicados hasta hoy en la *Harvard Business Review*.

Según Herzberg, existen dos tipos de factores que influyen en la motivación y la productividad de los empleados: factores *económicos y ambientales* y factores *motivacionales* propiamente dichos.

Los principales factores económicos y ambientales son:

- Política empresarial
- Condiciones de trabajo
- Salario
- Seguros
- Prestigio.

Los factores motivacionales son, principalmente:

- Oportunidades de crecimiento personal
- Progreso profesional
- Aumento de las responsabilidades
- Reconocimiento del trabajo bien hecho
- Satisfacción.

La investigación de Herzberg demostró que cualquier deficiencia en los factores ambientales y económicos genera insatisfacción en los empleados. Si mejoran estos factores, aumenta la motivación, pero sólo durante cierto tiempo. Es como el efecto de un analgésico, que alivia temporalmente el dolor sin atacar sus causas; al cabo de algún tiempo el dolor vuelve, tan fuerte como antes o incluso más.

Esto no ocurre, tal como demostró Herzberg, cuando existe un aumento de los factores motivacionales propiamente dichos. El refuerzo de estos factores va acompañado de un aumento duradero de la motivación de los empleados.

El ser humano tiene dos tipos básicos de necesidades:

Evitar el sufrimiento: Se trata de una necesidad animal satisfecha por los factores ambientales y económicos.

Crecer psicológicamente: Es la necesidad en su dimensión humana, que satisfacen los factores motivacionales propiamente dichos.

La principal contribución de la investigación realizada por Herzberg fue mostrar a los directores de empresas que la mejora de los factores ambientales y económicos no sustituye a los factores de desarrollo personal.

Para obtener algo de los demás, ayúdelos
a obtener algo de usted.

Motivar realmente a las personas

> *Hay tres clases de personas: las que buscan la sabiduría, las que buscan el honor, y las que buscan el provecho.*
>
> PLATÓN

Habiendo establecido que el crecimiento psicológico es la pieza clave que impulsa la automotivación y, en consecuencia, la productividad empresarial, analizaremos más profundamente la «anatomía» de la estructura psicológica del ser humano.

Cada uno de nosotros tiene su propia *identidad*. Las personas que pierden esa identidad, en general son pacientes psiquiátricos afectados por trastornos psicóticos. Esta identidad se suele investigar con la pregunta: «¿Quién?».

–¿Quién es realmente esa persona? ¿La conozco?

Cada identidad posee su particular *sistema de valores,* conceptos mentales que son realmente importantes en la vida de las personas. Esos valores pueden identificarse por medio de la pregunta: «¿Por qué?».

–¿Por qué él o ella hace tal o cual cosa? ¿Cuál es el motivo de su actitud?

Nuestro sistema de valores nos impulsa a adquirir ciertas *habilidades* para obtener los conceptos mentales deseados. Estas habilidades pueden evaluarse mediante la pregunta: «¿Cómo?».

–¿Cómo lo hace? ¿De qué modo consigue esos resultados?

Una habilidad es una estrategia empleada por la persona para conseguir satisfacer el sistema de valores vigente. Esa

¿QUIÉN?

1

¿DÓNDE?   ¿POR QUÉ?

6   **2**

5   **3**

¿CUÁNDO?   ¿CÓMO?

4

¿QUÉ?

estrategia se manifiesta a través de *comportamientos* específicos que responden a la pregunta: «¿Qué?».

—¿Qué hace usted cuando se enfrenta a ese desafío?

El comportamiento genera el *entorno,* que representa el producto final de las preguntas quién, por qué, cómo y qué.

El entorno es la manifestación de una dimensión tiempo y espacio y, por lo tanto, puede estudiarse con las preguntas *cuándo* y *dónde.*

—¿Cuándo y dónde se permitió por última vez saltar como un niño?

* *

Ahora que hemos descrito la «anatomía» de los diferentes niveles del sistema —el *hardware*—, analizaremos *el software mental* que se puede instalar para lograr la automotivación y el aumento de la productividad en el ámbito empresarial.

En su tesis presentada en 1957 en el MIT (Instituto de Tecnología de Massachussetts), Noam Chomsky, el padre de la gramática transformacional, demostró que siempre modificamos la información que recibimos antes de comunicarla a otras personas.

La afirmación de Chomsky puede entenderse fácilmente por medio de un ejemplo conocido por todos, el juego del teléfono sin hilos: tras formar un círculo de personas, la primera transmite cualquier mensaje en voz baja al oído de la segunda, que a su vez lo transmite a la tercera y así sucesivamente. El mensaje que llega a la última persona del círculo será siempre muy diferente del mensaje original.

Yo sé que usted cree que entiende lo que piensa que yo dije, pero no estoy seguro de que sea consciente de que lo que oyó no es lo que yo quise decir.

Chomsky demostró que, si somos capaces de identificar cómo se produce esa modificación y cuáles son las violaciones sintácticas que cada uno utiliza cuando transmite la información recibida, es posible determinar de antemano cuál es el patrón de comportamiento de esas personas en el contexto en estudio.

Además, también se ha demostrado que otras personas que practican las mismas violaciones sintácticas tendrán un comportamiento semejante en las mismas circunstancias.

QUARTER   DIME   NICKEL

En consecuencia, es posible motivar (automotivar) a los demás utilizando un determinado lenguaje para desencadenar el comportamiento deseado.

Complejo, pero al mismo tiempo simple, ¿no es verdad?

Cómo descubrir una programación mental

Imagine que tiene delante tres monedas estadounidenses: un *quarter* (25 centavos), un *dime* (10 centavos) y un *nickel* (5 centavos). El tamaño del *dime* es menor que el del *nickel*, pese a ser una moneda de mayor valor.

¿Qué relación existe entre esas tres monedas? Escoja tres de las siguientes opciones:

1) son redondas
2) son de distintos tamaños
3) son dinero
4) son de valores diferentes
5) son de metal
6) son de pesos diferentes
7) son monedas estadounidenses
8) tienen distintos nombres.

Escriba ahora sus tres opciones por orden de prioridad, dependiendo del impacto que cada opción tenga en su mente:

A) _____

B) _____

C) _____

Si su primera opción fue una respuesta de número impar, usted procesa las informaciones teniendo en cuenta ante todo las semejanzas entre los hechos o situaciones.

Cuanto mayor haya sido el número de opciones impares en su respuesta, más fuerte es esa tendencia en sus procesos de decisión. Por ejemplo, si usted escogió: «son redondas», «son dinero» y «son de metal» o «son monedas estadounidenses», eso significa que para entender el mundo compara lo que las cosas tienen en común.

Si entra en una sala de estar, inmediatamente su cerebro prestará atención a lo que esa sala tiene de parecido con la suya, o con la última sala de estar en la que haya estado; todo esto, por supuesto, sucede de forma inconsciente.

Si su jefe acaba de pedirle que realice un nuevo proyecto, en seguida su cerebro comienza a comparar lo que tiene en común con el último proyecto que ha realizado. Si su jefe conoce su tendencia a procesar por semejanzas, le podrá crear un entorno lingüístico que haga que se automotive más, diciéndole, por ejemplo:

–Este proyecto es muy semejante a los otros que ha realizado en esta empresa y para llevarlo a cabo podrá utilizar los mismos conocimientos técnicos que ya ha aplicado en otras ocasiones.

Imagine ahora que otra persona que trabaja en el mismo

proyecto que usted procesa la información a partir de las diferencias y no de las semejanzas. En el test anterior probablemente escogería opciones como: «son de valores diferentes» y «son de pesos diferentes».

Para conseguir que una persona que procesa informaciones a partir de las diferencias se automotive, hay que dirigirse a ella con un lenguaje apropiado. Lo ideal sería abordarla del siguiente modo:

—Este proyecto es totalmente diferente de los otros que ha realizado en esta empresa, y podrá aplicar nuevas técnicas para llevarlo a cabo.

El proyecto es el mismo, pero la forma de motivar a los empleados para trabajar en él puede ser diferente, teniendo en cuenta de qué modo cada uno procesa el mundo en su cerebro.

Al ejercer sus responsabilidades de líder, director o ejecutivo, no es necesario que vaya con tres monedas estadounidenses en la cartera para descubrir quién es quién. Basta con hacer una pregunta y prestar mucha atención al modo en que responde la persona a la que quiere motivar. La pregunta es la siguiente:

—¿Cómo compara el trabajo que hace hoy con el que hacía hace cinco años?

Si la persona responde enfatizando lo que existe de igual entre lo que hace hoy y lo que hacía cinco años atrás (por ejemplo: «trabajaba con personas y continúo haciéndolo»), significa que procesa el mundo por semejanzas. Si, por el contrario, su respuesta subraya lo que hace hoy de distinto de lo que hacía hace cinco años, significa que procesa el mundo por diferencias.

La persona que procesa el mundo por semejanzas tiene algunas dificultades con los cambios, tiende a permanecer

en un trabajo o un mismo puesto durante largo tiempo,
suele gustar la rutina y la palabra clave para su motivación
es «mejor».

La persona que procesa el mundo por diferencias está
ávida de cambios y no permanece en un trabajo o puesto
durante largo tiempo. Generalmente detesta la rutina, y la
palabra clave para su motivación es «nuevo».

Dirigir no es nada más que motivar a las personas.

LEE IACOCCA

* *

Para saber exactamente cómo estimular la automotivación
en las personas, el líder tiene que desarrollar la capacidad
de identificar, en los integrantes de su equipo, una serie de
rasgos de personalidad que ni ellos mismos perciben. Además de la distinción que acabamos de examinar (procesar el
mundo por semejanzas o por diferencias), existen otras
características que diferencian a una persona de otra.

Una distinción importante se da en lo tocante al punto
de referencia principal de cada individuo. Hay personas
cuyo punto de referencia es interno, mientras que en otras
es externo.

Cuando una persona realiza un trabajo, si tiene un punto
de referencia interno, ella misma se ocupa de juzgar si lo
ha hecho bien o mal. Si ese juicio interno determina que lo ha
hecho bien, aunque sus superiores o colegas no aprueben su
trabajo, esa persona continuará pensando que lo ha hecho
bien. Por otro lado, si determina que lo ha hecho mal, por más
elogios que reciba, éstos no afectarán su punto de vista.

...e se tiene más de un motivo para
realizar algo.

...a persona con un punto de referencia externo
...a a confiar más en el juicio ajeno que en el propio.
...ue ha hecho un trabajo bien o mal cuando sus colegas o su jefe se lo digan.

Las personas con un punto de referencia externo tienen mayor necesidad de ser dirigidas y elogiadas que las personas con un punto de referencia interno. Estas últimas, por lo general, tienen más dificultades para recibir o aceptar la retroalimentación.

¿Cómo puede saber un líder cuál es el punto de referencia de cada una de las personas que trabajan con él? El modo más simple de averiguarlo es hacer a cada persona preguntas como las siguientes:

–¿Cuál ha sido el mejor (o el peor) trabajo que ha hecho hasta hoy? ¿Por qué considera usted ese trabajo como el mejor (o el peor)?

Si observa a esa persona, percibirá que sus ojos comienzan a moverse de un lado a otro como si accedieran a un banco de datos y distinguieran lo que esa persona considera el mejor, o el peor, de los trabajos que ha realizado. Pero lo que realmente importa en la respuesta, la clave que nos permitirá descubrir si tiene el punto de referencia interno o externo, es su explicación sobre la razón por la cual elige un determinado trabajo entre todos los que ha hecho.

Si responde categóricamente que considera que tal o cual trabajo es el que hizo mejor porque ella cree que lo es, entonces su punto de referencia es interno. Si, por el contrario, utiliza en su explicación cualquier componente externo, como: «Porque mi jefe lo elogió mucho» o «Porque la empresa obtuvo un contrato óptimo a partir de ese proyecto», su punto de referencia es externo.

Los entornos lingüísticos que se deben crear para que esos dos tipos de personas se automotiven serán, sin duda, distintos.

A las personas con un punto de referencia *interno*, el líder debe darles a entender que la última decisión será suya (no del jefe). Si desea que esa persona tome una determinada decisión, solamente podrá inducirla (y usará para ello su poder de influencia), pero la decisión tendrá que ser de ella.

Por otra parte, el individuo con un punto de referencia *externo* necesita que se le motive de un modo bastante más explícito sobre aquello que usted desea. Tendrá que llevarlo a percibir su objetivo como una orden o un consejo que debe seguir.

El deseo más profundo del ser humano es ser apreciado.

William James

* *

Hay personas que se preocupan bastante por los detalles y a las que no les interesa demasiado una visión panorámica. En su personalidad predomina el hemisferio izquierdo del cerebro. Otras, en cambio, tienen una visión más global; les interesa el todo, pero no se preocupan demasiado por las partes. El hemisferio derecho del cerebro es el predominante en esas personas.

Esa diferencia, que también es muy importante para un

líder, puede explicarse mediante una analogía con tres medios de transporte: el coche, el avión y el helicóptero.

La persona que viaja en coche ve el detalle de la carretera que tiene delante, pero no puede ver lo que está detrás de la montaña. La que viaja en avión tiene la oportunidad de ver lo que está detrás de la montaña, pero es incapaz de distinguir un detalle de la carretera que está allí abajo. La que viaja en helicóptero puede ver lo que está detrás de la montaña y también, en cualquier momento, si quiere, puede descender a baja altura y percibir nítidamente los detalles de la carretera.

Proporcionar datos globales a una persona a quien le gusta trabajar con detalles solamente servirá para crear interferencias en su sistema de raciocinio. De la misma forma, la persona que trabaja con visiones globales se molesta cuando se le dan demasiados detalles.

Alcance usted mismo la salvación.
No dependa de los demás.

BUDA

Si está tratando de que se automotive alguien que procesa más con el hemisferio izquierdo del cerebro que con el derecho, especifique exactamente lo que debe hacerse, aunque no sea usted un amante de los detalles ni mucho menos.

Si, por el contrario, su meta es que se automotive alguien con predominio del hemisferio derecho del cerebro, es importante que se concentre en el resultado global del proyecto en cuestión.

Probablemente debe de estar preguntándose: «¿Cómo

voy a distinguir, en el ámbito profesi... ...da persona procesa información de un ... un modo global?».

Existen varias formas de descubrirlo. El ... averiguar dónde se sitúa usted en este aspecto:

A) Imagine el lugar en el que vive.

B) Imagine un lugar situado a unos cinco kilómetros de su casa y que conozca bien.

Ahora imagine que está hablando por teléfono con alguien a quien debe indicarle cómo llegar a su casa en coche. Esa persona nunca ha ido a su casa y no conoce su barrio.

Describa en las líneas siguientes cómo orientaría a esa persona.

_____

_____

_____

_____

_____

_____

Analice cuidadosamente la cantidad de detalles que ha empleado en esas instrucciones. ¿Ha ido de calle en calle, o de kilómetro en kilómetro? ¿O de barrio en barrio?

Si ha sido detallista en las instrucciones, lo que más despertará su motivación para un trabajo serán los detalles. Su

⌐ es un buen líder, tendría que comunicarse con usted de un modo detallado.

Supongamos que en su equipo hay otro profesional del mismo nivel que usted, pero con predominio del hemisferio derecho del cerebro. Ese colega demuestra interés, principalmente, por los aspectos generales. Mientras que con usted su jefe deberá tener la habilidad de poner un mayor énfasis en los detalles, con su colega habrá de enfocar el mismo trabajo de un modo global.

Ante todo, al distribuir las tareas entre los miembros del equipo, el líder debe tener en cuenta el estilo de cada uno en relación con las exigencias de cada actividad. Por más competente que sea una persona con visión de «avión», nunca hará muy bien una tarea que exija análisis minuciosos. Los trabajos de ese tipo deben encargarse a personas con visión de «coche».

¿Qué sería del azul, si a todos nos gustase el amarillo?

Al saber trabajar con su equipo, obteniendo lo mejor de cada uno de sus miembros y manteniéndolos altamente motivados, el líder será capaz de estimular un significativo desarrollo de las capacidades de cada cual. El profesional más detallista, convenientemente automotivado, alcanzará su excelencia y conseguirá tener también una visión global. El que ve las cosas más globalmente, por su parte, aprenderá a percibir también los detalles.

El «avión» y el «coche» podrán así adquirir una visión de «helicóptero», que es la característica de los ejecutivos de mayor éxito.

Pero este proceso de ampliación de la visión tiene que hacerse paso a paso, cuidadosamente. Existen muchos casos

70

de personas a quienes se ha ascendido a cargos directivos en que la visión de «helicóptero» es un requisito indispensable; sin embargo, lo único que consiguen es una especie de visión de «buitre»: mientras que el helicóptero sobrevuela el territorio, observándolo todo desde arriba, y sólo desciende para solucionar un pequeño detalle, después de lo cual vuelve a subir, el buitre sobrevuela el paisaje dando mil vueltas, pero sólo se decide a bajar cuando el problema ya no tiene solución.

* *

> *No sólo actuamos según cómo somos, también somos según cómo actuamos.*

Rafael Echeverría

Algunas personas se preocupan mucho más de sí mismas que de los que viven a su alrededor. También hay personas que se preocupan mucho por los demás y no cuidan de sí mismas.

No hago esta distinción para señalar el carácter egoísta o altruista, sino para distinguir dos formas diferentes de procesar la información.

La persona centrada en sí misma, que procesa la información considerándose a ella misma como el «número uno», es capaz de sentirse feliz en un ambiente en el que todos los demás se sienten desdichados.

Sería imposible que algo así les ocurriera a aquellos que procesan las informaciones del universo teniendo en cuenta en primer lugar a los demás. Para que estas personas se sientan totalmente felices es preciso que todos a su alrededor sean felices.

En el trabajo, hay personas de ambos tipos, y es importante saber distinguirlas, sólo que en este caso no existe una pregunta cuya respuesta pueda decirnos cómo es cada persona. La única forma de averiguarlo es estar atento al comportamiento de cada miembro del equipo.

Veamos el ejemplo de una persona que trabaje en un restaurante como camarero, o en una línea aérea como azafata. Si es alguien que procesa la información poniendo en primer lugar a los demás, su principal preocupación será hacer que todos se sientan cómodos y satisfechos, tanto en el restaurante como en el vuelo, y sólo tendrá la sensación de que ha cumplido con su misión si logra satisfacer a todo el mundo. Por el contrario, si se trata de una persona que procesa la información poniéndose en primer lugar a sí misma, no se preocupará si a uno de sus clientes o pasajeros, por el motivo que sea, no le gusta cómo le atiende.

> **El secreto de un negocio está en saber**
> **algo que nadie sabe.**
>
> ARISTÓTELES ONASSIS

Si se lidera a personas de los dos tipos, para ser un líder capaz de motivarlas es necesario saber enfocar la realidad a través de la lente adecuada en cada caso. Al hablar con una persona que procesa la información poniéndose en primer lugar a sí misma, haga hincapié en los beneficios que podrá obtener con la perfecta ejecución del proyecto. Con las otras personas, insista en los beneficios que ese proyecto proporcionará al departamento, a la empresa, a la comunidad y a la sociedad si se realiza a la perfección.

* *

• Tómese un momento para pensar.

• Reconozca la manera que tiene cada persona de procesar las informaciones.

• Combine este dato con otros conocimientos adquiridos en el sentido de que los efectos en la motivación sean óptimos.

En el presente capítulo he establecido una serie de distinciones, demostrando que las personas reaccionan de forma distinta a los estímulos. He puesto ejemplos que subrayen la misión del líder, que es la de impulsar el desarrollo humano procurando fomentar el mejor rendimiento de su equipo mediante las técnicas de automotivación.

Pero todo lo que he dicho en relación con los miembros de un equipo de trabajo se aplica también a las diversas situaciones de comunicación interpersonal.

Al procurar influir sobre el cliente para firmar un contrato ventajoso para ambas partes, al promover asociaciones eficaces para mejorar la atención prestada por su empresa, al investigar las tendencias del mercado y satisfacer los deseos del consumidor, el profesional que realiza su trabajo de un modo excelente sabrá crear una realidad más próxima a la utopía.

Lo que para uno es remedio, para otro
puede ser veneno.

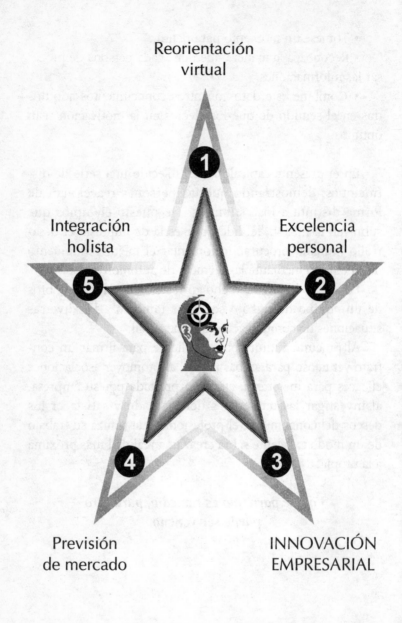

Reorientación
virtual

1

Integración
holista

Excelencia
personal

5

2

4

3

Previsión
de mercado

INNOVACIÓN
EMPRESARIAL

3.1

La empresa es nuestra

Definir su identidad

–¿Qué es lo que constituye a la empresa X?

–*Sus instalaciones.*

–Entonces, si la empresa decide cambiar de ubicación y de instalaciones, ¿deja de ser la empresa X?

–*Los empleados.*

–Y si la empresa despide a todos sus empleados y contrata nuevo personal, ¿deja de ser la empresa X?

–*Los productos.*

–Y si la empresa deja de fabricar lo que fabrica y cambia su línea de producción, deja de ser la empresa X?

–???

Supongo que ha respondido «no» a las tres preguntas anteriores, y creo que comienza a sentirse confuso y ansioso por saber qué es la empresa X.

Tranquilo, porque enseguida vamos a encontrar juntos algunas respuestas. Pero antes continúe leyendo y pensando conmigo.

¿A qué se debe el éxito de la empresa X?

- ¿Qué hace que la empresa X tenga éxito?
- *El personal.*
- ¿Es posible cambiar el personal y continuar teniendo éxito?
- *El producto.*
- ¿Es posible cambiar el producto y continuar teniendo éxito?
- *Las instalaciones.*
- ¿Es posible cambiar las instalaciones y continuar teniendo éxito?
- *El mercado.*
- ¿Es posible cambiar el mercado y continuar teniendo éxito?
- ???
- En resumen, ¿a qué se debe que una empresa tenga éxito?

Qué es una empresa y qué hace que una empresa tenga éxito son preguntas cuyas respuestas mucha gente quisiera conocer.

Sin embargo, ahora plantearé algo que a usted probablemente le gustaría preguntar y que alguien le respondiera:

- ¿Es posible transferir la experiencia del éxito empresarial de una empresa a otra?

La «mano visible» de la dirección

Hace ya mucho tiempo que administradores, asesores y académicos están estudiando y tratando de descubrir la razón

76

del éxito de una organización, ya sea un ejército, una Iglesia, una empresa o un gobierno.

Del mismo modo que en el campo del adelgazamiento existen las más diversas dietas, también en el campo de la administración surgen de cuando en cuando las más diversas teorías y propuestas:

- Descentralización (Alfred D. Chandler)
- Teorías X e Y (Douglas McGregor)
- Dirección a través de objetivos (Peter Drucker)
- Modelo 7-S (McKinsey Corporation)
- Planificación estratégica (H. Igor Ausoff)
- Gestión de calidad (W. Edwards Deming)
- Capacitación (R. Moss Kanter)

...entre muchas otras menos empleadas o de las que se ha abusado.

*Si fui capaz de ver más lejos, fue porque estaba
de pie sobre los hombros de un gigante.*

ISAAC NEWTON

Creo que en el futuro seguirán apareciendo muchas otras teorías de este tipo, ya que la «anatomía» y la «fisiología» empresariales se encuentran en constante metamorfosis. Controlar estos cambios es como disparar sobre un blanco en movimiento: siempre hay que volver a apuntar, y raramente se acierta dos veces seguidas sin cambiar la mira.

Entender la realidad no significa ser capaz de intervenir en ella y modificarla. Hay cirujanos que conocen perfectamente la anatomía y la fisiopatología del cuerpo humano, y son incapaces de operar un párpado sin dejar secuelas desagradables.

77

Si la única herramienta que tiene es un martillo,
pensará que cada problema que surge es un clavo.

MARK TWAIN

La visión clásica de la función de una empresa es suministrar un producto, servicio, idea o talento a quienes los necesitan, y obtener un beneficio por ello.

El gran economista Adam Smith introdujo el concepto de «mano invisible», que es la fuerza del mercado que coordina el flujo de mercancías del productor al consumidor. Like Weber sustituyó la «mano invisible» del mercado por la «mano visible» de la dirección inteligente, que lleva el producto al consumidor de una forma más eficiente y lucrativa que el modo en que lo harían simplemente los mecanismos del propio mercado.

Procure contratar a personas lo bastante inteligentes
para sustituirlo cuando a usted lo asciendan.

La buena dirección permite no sólo hacer que un caballo corra más rápido, sino también que lleve la cabeza inclinada mientras corre, utilizando así la fuerza de la gravedad como un instrumento para alcanzar el objetivo anhelado con mucha más rapidez y eficacia.

El niño, el enano y el pigmeo

Al igual que pasa con los seres humanos, cada empresa tiene su personalidad, que es *sui generis.z*

78

Aunque a primera vista dos empresas puedan parecerse, un análisis más detallado podrá constatar enormes diferencias entre ambas.

Imagine a tres seres humanos más o menos de la misma estatura: uno es un niño, el otro es un enano y el tercero es un pigmeo. El niño se encuentra en época de crecimiento y pronto sobrepasará a los otros dos. El enano tiene un problema genético, su defecto está en su estructura y tiene grandes dificultades para integrarse y adaptarse a la sociedad en la que vive. Si fuese posible hacer que el pigmeo creciera en su entorno sin que los otros miembros de su pueblo crecieran con él, toda la comunidad tendría un problema. Sería un crecimiento antiecológico.

Lo mismo se puede aplicar al mundo empresarial. Que dos empresas sean más o menos del mismo tamaño no significa que estructuralmente pertenezcan a la misma especie y posean el mismo potencial de crecimiento. Los factores en juego son muy complejos.

Volviendo al niño, el enano y el pigmeo, además de ser estructuralmente diferentes, pueden encontrarse sanos o enfermos. Cuando una persona está enferma, su dolencia puede ser física o mental. El remedio para una dolencia física no tiene por lo general efecto alguno en una enfermedad mental y viceversa.

Una empresa es sólo «diálogo»

Lo que haga hoy determina lo que seré mañana.

• ¿Qué constituye a la empresa X?

•Un diálogo que existe y se perpetúa a través del lenguaje usado por quienes la componen.

Si se cambia de localización, de producto o de personal sin cambiar de «diálogo», la misma empresa subsiste. La empresa sólo cambiará cuando cambie el «diálogo». ¡El lenguaje crea la realidad!

• ¿Cómo cambiar ese «diálogo»?

Este es el punto que voy a tratar en los próximos capítulos, mostrando diferentes instrumentos, técnicas y procedimientos desarrollados a través de los años por los especialistas en este tema.

3.2

La cultura de las empresas
Psicoterapia empresarial

La sociedad en la que vivimos pasa por transformaciones sociales turbulentas.

Las demandas de los consumidores se vuelven cada vez más sofisticadas y las aplicaciones tecnológicas innovadoras son cada vez más comunes en el mundo empresarial.

La competencia es planetaria y el único factor previsible en el mundo de los negocios es su imprevisibilidad. Lo único constante es el cambio.

Las reglas consagradas del éxito en la administración de empresas han quedado obsoletas y comienzan a crearse novísimos modelos para representar mejor la complejidad holográfica del mundo de los negocios.

Según uno de los modelos utilizados en psicoterapia, la estructura mental de los seres humanos tiene diferentes niveles: un nivel consciente (los pensamientos que tenemos y de los que estamos al corriente), uno subconsciente (al cual podemos o no tener algún acceso, dependiendo de nuestra disponibilidad de tiempo y de las técnicas que utilicemos para acceder a él) y uno inconsciente, que es el nivel más profundo y lejano de nuestro cerebro, vinculado al inconsciente de nuestra familia, de nuestra sociedad y del universo en que vivimos.

Átomos obsoletos y empresas inconscientes

Claro que todo esto es sólo una metáfora, un modelo de trabajo. Puede llegar a ser útil, pero no deja de ser un modelo. Además, esta clase de modelos no se valoran por su veracidad, sino por su utilidad. Si no fuese así, tendríamos que quitarle al científico Niels Bohr el Premio Nobel que obtuvo por haber elaborado el modelo atómico. Durante varios años, la estructura del átomo propuesta por Niels Bohr fue un concepto adoptado por los científicos, enseñado en las escuelas a millares de niños, citado en millones de libros, películas y conferencias, y que deslumbró a todo el mundo. Actualmente, al estudiar las partículas menores de materia con los nuevos modelos de la física cuántica, sabemos que el modelo de Niels Bohr se ha quedado obsoleto y ya no es válido.

Las herramientas de la mente se vuelven inútiles
cuando dejan de existir las condiciones
que las hacían necesarias.

HENRI BERGSON

En la misma línea de razonamiento podemos imaginar que la empresa tiene también una «estructura mental» con diversos niveles, es decir, un consciente, un subconsciente y un inconsciente empresariales. Así como a usted nunca le han presentado un subconsciente humano, también le será difícil percibir a primera vista el inconsciente de una empresa. El «inconsciente empresarial» constituye la base psíquica de la cultura de la empresa. Es una fuerza oculta que determina el camino más fácil a seguir, una fuerza invisible que constituye la personalidad de la empresa.

Siempre que intente entrar en conflicto con una cultura, sea empresarial, étnica o religiosa, usted será el perdedor. Como ocurre entre los grupos humanos, las culturas empresariales pueden ser rígidas o flexibles, autoritarias o democráticas, lúcidas o perturbadas, agradables o desagradables. Y como ocurre con las personalidades humanas, las empresas pueden ser neuróticas, psicóticas y hasta sádicas.

> *En una lucha contra el mundo, apuesta por el mundo.*
>
> Franz Kafka

Algunas culturas empresariales deliran pensando que todo está bien, cuando de hecho están en franco declive. Y viven ilusionadas por el éxito que tuvieron en el pasado como si eso les garantizase el éxito en el futuro.

Mire a su alrededor y trate de localizar una empresa con la que tenga algún tipo de relación (sea como cliente, empleado, proveedor, competidor o incluso dueño) y que se comporte como si el mundo estuviese quieto en el centro del universo y todas las estrellas girasen en torno de ella.

Procure identificarlas: hay empresas tímidas, empresas con complejo de inferioridad, empresas con delirios de grandeza y empresas que viven en la luna. Fíjese bien y verá que las empresas tienen las mismas características que los seres humanos: empresas alegres, tristes, solitarias, extrovertidas, irresponsables, envidiosas, altruistas, creativas, perezosas, viciosas, envejecidas, retrasadas, maníacas, depresivas, mezquinas, generosas, inteligentes e idiotas. Todo lo que se da en los seres humanos existe también en el mundo empresarial.

Y no podría ser de otra manera, ya que las empresas están formadas por personas. Cada empresa es la suma total de muchas idiosincrasias que existen en la convivencia diaria de todos sus integrantes.

¿Cómo luchar contra eso?

Choque cultural

En la forma de dirigir lo intangible puede estar la clave para una vida empresarial saludable y próspera.

El éxito empresarial está determinado no sólo por la habilidad administrativa en cuanto a las particularidades visibles, como la estrategia de marketing, la estructura operativa y el sistema de remuneración adoptado por la empresa. Algunos factores esenciales a la hora de determinar el comportamiento de las organizaciones y sus resultados, la gran mayoría de los ejecutivos no los toman en cuenta. Nos referimos a los factores culturales, muchas veces inconscientes, como el estilo, el carácter, la personalidad y el modo de enfrentarse con determinados valores y emociones, incluyendo el miedo y la envidia.

Para entender el subconsciente de una organización es posible y necesario colocarla en el «diván» e interpretar sus sueños, permitiendo que haga asociaciones libres y hable sobre sus obsesiones, limitaciones y traumas. El gran desafío de esta propuesta es entrar en contacto directo con una fuerza invisible que existe detrás del organigrama empresarial, entre las líneas de los manuales, dentro de los equipos y las instalaciones.

Solamente accediendo a todos los datos intangibles será posible evaluar en profundidad la cultura empresarial.

El inconsciente de la empresa desempeña un papel decisivo en su éxito o su fracaso, pues genera el significado primordial de la cultura empresarial, fuente de su energía social, y determina si la empresa tendrá una vida psíquica saludable.

Los hábitos no deseados son difíciles de eliminar. Cuando la empresa se da cuenta de que ha perdido el contacto con la realidad, de que vive en un mundo de racionalizaciones, y de que está fuera del rumbo de su finalidad primaria, se produce una verdadera crisis existencial. Muchas veces, ante ese peligro de crisis, la tendencia de la empresa es encerrarse en sus valores, cristalizar sus hábitos y congelar su «caldo» cultural.

¿Cómo modificar esa cultura y volverla más adaptable a los rápidos cambios que están ocurriendo en el entorno?

Ante todo es necesario entender, evaluar y dirigir la cultura vigente. Si el proceso de cambio se da sin dirección, tiende a pervertirse y vuelve a estancarse. Toda empresa precisa de frecuentes controles y medidas preventivas, como vacunaciones periódicas contra virus cada vez más potentes cuyo origen es el modo artificial en que viven los miembros de la empresa en esta sociedad caótica y competitiva.

El pez, al vivir siempre en el agua, sólo podrá saber que ésta existe si un día se lo saca de ella.

85

Por lo general, los miedos, la inseguridad, la dependencia, los resentimientos e incluso algunas manifestaciones psicóticas tienden a establecerse como problemas crónicos en la personalidad de la empresa si no se hace nada por combatirlos. Los miembros de la empresa se ponen a la defensiva y tratan de protegerse, siendo más precavidos, minimizando los riesgos y creando barreras psicológicas. Esas barreras tratan de resistirse a cualquier idea «invasora» que pueda provocar cambios, y funcionan también como muros que dividen a la empresa en compartimientos estancos, feudos y guetos.

Una cultura más saludable exige el coraje de arriesgar y la confianza recíproca entre los empleados y la dirección. Esto no se da espontáneamente. Tiene que partir de un esfuerzo consciente y bien planeado, en el sentido de dirigir la cultura en todos sus aspectos, tangibles o intangibles.

Debido a la cultura neurótica o psicótica vigente en la empresa, se tiende a tolerar comportamientos autodestructivos de los empleados, que provocan efectos fatales en el rendimiento de la empresa y también en su moral.

Estos comportamientos a veces surgen como una simple resistencia a los cambios, y aparentemente son inofensivos y superables, pero pueden degenerar hacia el sabotaje declarado a cualquier tipo de innovación. En este proceso de sabotaje, que puede estar camuflado como si fuese una defensa de las tradiciones de la empresa, se utilizan todo tipo de armas, como mentir, engañar, omitir informaciones, desmoralizar, robar o dañar a los demás.

Si realmente quiere entender algo, intente cambiarlo.

WARREN BENNIS

Entender para cambiar

Para cambiar una cultura es necesario entender cómo se ha formado y cómo se mantiene, cuál sería la cultura ideal para la empresa en cuestión, qué falta para llegar a ella, y cuando se alcance la cultura deseada, qué hacer para mantenerla.

Una buena analogía para ese proceso es el de una persona obesa que va al médico. Primero, debe ser consciente de que está obesa. Segundo, tiene que descubrir cuál es la causa de su obesidad. Tercero, ha de averiguar qué hace que se mantenga obesa. Cuarto, debe decidir su peso ideal. Quinto, tiene que escoger un régimen para adelgazar. Y sexto, ha de descubrir que hay que hacer para, una vez que haya adelgazado, mantenerse delgada.

Cuando se inaugura una empresa, todo es fiesta. La energía y el dinamismo reinan en todos sus rincones. Calidad, eficiencia, eficacia, innovación y lealtad son ideales compartidos por todos, automotivados y esperanzados al crear esta nueva empresa.

Esto, al menos, es lo que dicen. Desgraciadamente, ese cuadro no dura mucho tiempo.

Entre bastidores, en los primeros chismorreos e intrigas de pasillo, las envidias no reveladas, la agresividad reprimida, los casos de atracción platónica y de antipatías secretas y los intereses no confesados comienzan poco a poco a circular y a tomar cuerpo en la verdadera cultura de la empresa, que se imbuye de todos estos estados mentales. Como un enorme iceberg cuya parte visible no llega al 5% de su tamaño total, esa empresa se desliza por el océano del mercado, y su trayectoria está determinada principalmente por la parte sumergida, invisible, de la cultura empresarial.

La verdadera cultura de la empresa no se moldea con los discursos de sus fundadores y de los ejecutivos de alto nivel; se forma con los ejemplos, las actitudes cotidianas y la suma total de los valores, los sistemas de creencias, las expectativas y las reglas no escritas. Estas reglas no escritas comienzan a estructurar todas las relaciones funcionales y a todas las personas en el entorno laboral, adquiriendo más fuerza, en la práctica, que las normas oficiales.

La palabra convence; el ejemplo arrastra.

Cambiar normas y valores

Algunas de las normas más comunes en las empresas neuróticas son:

- Nunca estar en desacuerdo con el jefe
- Dar siempre la impresión de estar ocupado
- No confiar en los colegas ni en los superiores
- No compartir información con los otros departamentos
- Protestar por todo
- Hablar mal de la empresa
- No ser mensajero de malas noticias.

Una vez establecidas, estas normas tienen la única y exclusiva finalidad de perpetuarse. Funcionan como un verdadero lavado de cerebro colectivo. El ser humano tiene necesidad de ser aceptado por el grupo con el que convive, y hace todo lo necesario para ser coherente con ese grupo.

Una interesante investigación de Solomon Asch demuestra claramente la necesidad que tiene el individuo

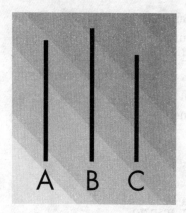 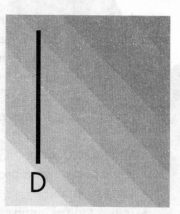

de ser coherente con el grupo. Asch formó grupos de siete personas y les dio a cada una dos cartas. En la primera carta había tres rectas (A, B y C), de longitudes diferentes. En la segunda, había sólo una recta (D), de igual longitud a la recta B de la primera carta. Y preguntó a todos: «De las rectas de la primera carta, ¿cuál tiene la misma longitud que la recta D?».

De las siete personas, seis formaban parte del experimento y tenían instrucciones de responder «A» en vez de «B». Sólo la séptima persona no conocía este acuerdo. A pesar de ser obvio que la recta D tenía la misma longitud que la B, la mayor parte de las veces la séptima persona respondía lo mismo que los demás después de haber oído al resto del grupo afirmar que la respuesta correcta era «A», y a pesar de no creer interiormente que fuera la respuesta correcta. Esto explica cómo las culturas, incluso las enfermas, se mantienen en las empresas.

Volviendo a nuestro modelo de diagnóstico terapéutico, después de convencerse de que la cultura se ha quedado obsoleta, de identificar las deformaciones culturales y de

...r la causa de su permanencia, el paso siguiente es
... cuáles deberían ser las nuevas normas, más sanas y
...ductivas, que impulsarían el progreso de la empresa.

Lo ideal es dejar que los empleados, en un ambiente
franco y abierto, participen en la creación de esas nuevas
reglas, que podrían ser más o menos éstas:

- Aprecie su trabajo
- Hable bien de la empresa
- Sea responsable
- Trate a todo el mundo con respeto
- Comparta la información
- Confíe en la administración
- Forme parte de la solución, no del problema.

> **Si quieres retener a los presentes,
> sé leal con los ausentes.**
>
> STEPHEN R. COVEY

Después de identificar las normas ideales, la etapa
siguiente es desarrollar un sistema de implantación y mantenimiento de esas nuevas normas.

* * *

Volviendo al ejemplo de la obesidad, recordemos que el 95
por ciento de los obesos que adelgazan debido únicamente
a la dieta, doce meses después vuelven a pesar lo mismo o
más que antes de hacer el régimen. Lo mismo pasa con la
cultura empresarial. Una vez que se transforma, es necesario
crear un plan para que el «peso ideal», es decir, la cultura
ideal, se mantenga.

En una cultura empresarial sana, cu[...]
nistrativa o directiva tendrá un efecto muc[...]

Cómo identificar desfases culturales

Dado que vivimos en diferentes niveles, lo que es el techo para una persona puede ser el suelo para otra.

Un punto crítico en el proceso de cambio es identificar las diferencias entre la cultura actual de la empresa y la cultura ideal.

El primer paso –conocer y admitir los problemas existentes– no es fácil. Esos esfuerzos iniciales pueden chocar contra una muralla de resistencia, levantada en buena medida por los integrantes de la empresa, comenzando por sus propios directores. Tal vez éstos tengan inconscientemente mucho miedo a que se derrita la parte sumergida del iceberg, en caso de que se vea expuesta a la luz de un diagnóstico.

No existe construcción sin destrucción.

PABLO PICASSO

Ralph H. Kilmann, de la Facultad de Ciencias Empresariales de la Universidad de Pittsburgh, uno de los «gurus» del cambio cultural en las empresas, desarrolló una prueba que permite identificar con precisión las diferencias que forman un desfase cultural.

El test, registrado con el nombre de Kilmann-Saxton

91

e-Gap Survey, considera cuatro aspectos distintos de cultura:

1) Cómo se realizan las tareas en la empresa. Cómo se ve la interacción y la cooperación entre los diferentes departamentos en lo que respecta a la realización de las tareas.

2) Cuál es la receptividad de los empleados y de la dirección a innovaciones que puedan alterar sustancialmente el *statu quo*.

3) Cómo son los códigos de relación social entre los miembros de la empresa. Qué está y qué no está permitido socialmente.

4) Cuál es el nivel de libertad personal de los empleados y la formalidad o informalidad de los procedimientos.

Después de un minucioso proceso de investigación en 25 empresas estadounidenses pertenecientes a diferentes ramos, Kilmann anotó cerca de 400 pares de normas (las normas vigentes y las deseadas) en la cultura de esas empresas, y seleccionó los 28 pares de normas más coherentes y constantes.

Un ejemplo de esos pares de normas sería:

A. Compartir información solamente cuando beneficie al propio departamento.

B. Compartir información para ayudar a la empresa a tomar mejores decisiones.

La metodología instituida por Kilmann, que implica a los empleados de todos los niveles jerárquicos, permite medir la diferencia entre lo que la empresa realmente es y lo que podría ser. Esas diferencias representan desfases culturales, cuya amplia comprensión en todo el contexto empresarial puede ayudar a identificar problemas en la productividad y la economía de todo el país.

> *Para entender el alma de una empresa, debemos*
> *viajar a través del mundo subterráneo*
> *de la cultura empresarial.*
>
> Ralph H. Kilmann

El proceso de transformación de la cultura empresarial a partir de este tipo de diagnóstico solamente será eficaz si se implanta en todos los departamentos de la empresa de forma integrada. Es preciso involucrar a todos los componentes de la empresa en la formación de la nueva cultura empresarial, desde el «chico de los recados» al presidente.

La identificación de los vacíos culturales crea una especie de tensión estructural entre la situación presente y la ideal. Si se trabaja con las herramientas correctas, esa tensión estructural puede ser capaz de impulsar a las personas hacia las metas deseadas.

Por medio de un trabajo sistemático de renovación, los valores deseados van sustituyendo a los obsoletos y ocupando un lugar en la cultura de la empresa. Pero este trabajo no termina ahí. De nada servirá implantar nuevos valores si se quedan estancados. La cultura empresarial es dinámica y las transformaciones tienen lugar con una rapidez cada vez más sorprendente en todos los sectores de la vida humana (tecnología, mercado, costumbres, etcétera).

Es importante que la gestión de la cultura corporativa

sea una actividad explícita, transparente, que cuente con la participación de todos los integrantes de la empresa, que está constituida por personas que interaccionan unas con otras.

Sin hacer antes un diagnóstico, es peligroso poner en práctica cualquier tipo de terapia.

3.3

Trabajo en equipo

Dividir las preocupaciones
y multiplicar las realizaciones

Imagínese que usted y cuatro amigos suyos están remando en una regata. Cuatro reman en una dirección y el quinto rema distraídamente en dirección opuesta.

En esas condiciones sería imposible ganar la carrera, ¿no es verdad?

En el mundo empresarial, la situación es semejante.

La inteligencia de la empresa es vectorial. Si tuviéramos cuatro vectores empujando hacia un lado y un vector empujando hacia el otro, la suma total de esos vectores será tres y no cinco.

Cuando dos o más cerebros trabajan juntos con respeto mutuo, comunicación entre los miembros del grupo y el permiso para utilizar la intuición, el todo siempre será mayor que la suma de las partes.

**La inteligencia de una colmena es siempre superior
a la de cualquier abeja.**

En lo que se refiere al trabajo en equipo, en una suma de 1+1 podemos obtener tres resultados diferentes:

$$1 + 1 < 2$$

Este primer resultado («uno más uno menor que dos») significa que el todo es menor que la suma de las partes y que un elemento está perjudicando al otro en un proceso de autodestrucción.

$$1 + 1 = 2$$

El resultado «uno más uno igual a dos» significa que cada persona trabaja como si estuviese sola. La decisión del grupo no es en ningún caso diferente de las decisiones individuales tomadas por cada uno de sus miembros.

$$1 + 1 > 2$$

Cuando el resultado obtenido es «uno más uno mayor que dos», el todo se revela mayor que la suma de las partes, lo cual implica una interacción entre los dos componentes (dos personas, dos cerebros) que permiten que se manifieste el fenómeno de sinergia.

Un grupo de cerebros que piensen conjuntamente, con una buena comunicación, respeto mutuo e intuición, obtendrá mejores resultados que cualquier persona pensando en soledad, no importa quién sea.

Aceptación y eficacia

Las decisiones individuales raramente sobrepasan a las decisiones de grupo, tanto en calidad como en aceptación.

La eficacia de una decisión puede expresarse mediante una ecuación matemática en que uno de los factores es la calidad de pensamiento (CP) que implica la decisión, y el otro es la aceptación (A) de la idea por los miembros del equipo encargado de llevarla a cabo.

$$\text{Eficacia} = CP \times A$$

Usted puede estar trabajando en su empresa con un especialista que tenga un doctorado y que se haya formado en la mejor escuela de Administración de Empresas del mundo. Sus ideas pueden ser brillantes. Su calidad de pensamiento puede ser genial, merecedora de un 10. Pero imagine, como hipótesis, lo que puede suceder en el caso de que este especialista no sea aceptado por el equipo que debe poner en práctica sus ideas. El resultado se podría expresar así:

$$\text{Eficacia} = 10 \times 0$$

O sea:

$$\text{Eficacia} = \text{¡Cero!}$$

Es importante que se preocupe por la calidad de pensamiento que hay en su empresa. Sin embargo, esto no es suficiente, porque, por más brillante que sea una decisión, si no es aceptada no tendrá eficacia alguna.

La democracia, en el sentido estricto de la palabra, no funciona en el mundo empresarial. El consenso es el secreto del éxito. De ahí la importancia de llegar a decisiones por consenso y no por votación.

Imagine una reunión de la junta directiva a la que asisten cinco directores y en la que se discute la aprobación o el rechazo de un proyecto. La votación final es de tres votos a favor y dos en contra de la realización del proyecto. Aprobado por mayoría, el proyecto deberá llevarse a cabo. Sin embargo, los dos que perdieron tratarán de que el proyecto fracase, aunque sea de manera inconsciente, y en algunos casos hasta serán capaces de sabotearlo con el mejor de los razonamientos.

Ciertos asuntos deben discutirse en grupo, de modo que el proceso de aprobación sea consensual. Una decisión consensual pertenece a todo el grupo que la ha adoptado, y por lo tanto, cuando se ponga en práctica tendrá más posibilidades de ser un éxito.

Las cuatro estrategias del desarrollo del grupo

El trabajo en equipo pasa generalmente por cuatro fases:

1ª Fase

Los componentes del equipo de trabajo se sienten contentos de haber sido invitados a participar, pero están preocupados por si serán o no aceptados por el grupo. El grupo está en fase de formación, todos procuran ser amables y nadie se arriesga demasiado. En esta fase, la productividad es mínima y el grupo emplea su energía en su propia formación.

2ª Fase

La preocupación de los miembros del grupo no es ya si serán aceptados o no, sino si serán respetados o no y el grado

98

de influencia que cada uno tendrá en las decisiones de grupo. Cada cual procura delimitar su territorio. De esta forma, existe un cierto nivel de competencia entre los miembros del grupo. Inmediatamente después, comienza el proceso de organización. Hay una elevada resistencia a satisfacer las peticiones de los otros miembros del grupo. En esta fase son muy comunes algunos conflictos interpersonales que es necesario dirigir adecuadamente tan pronto como surjan, para que no causen daños mayores en el futuro. La productividad continúa siendo baja y buena parte de la energía todavía se consume en la organización del grupo propiamente dicho.

3ª Fase

Se trata de una fase muy distinta a las anteriores. Los miembros ya se sienten parte activa del grupo, el respeto mutuo predomina y ahora todos están preocupados por contribuir al éxito del grupo. Ellos son el grupo, y el grupo son ellos. La organización del grupo comienza a normalizarse y sus miembros aceptan las reglas de juego como si fueran sus propias reglas. Hay un espíritu de cooperación y el conflicto interpersonal, si no ha desaparecido, es bastante reducido. El ambiente es de confraternidad, existe un flujo de información entre los miembros del grupo y se establecen las responsabilidades. La productividad comienza a aumentar.

4ª Fase

En esta fase todos ponen mucho énfasis en el rendimiento del grupo. Cada uno procura dar lo mejor de sí. Hay un gran entusiasmo, que se contagia a todos. La relación interpersonal es positiva y surge el verdadero trabajo en equipo. Los problemas se resuelven de forma consensual, con discernimiento y creatividad. La sensación es de armonía y bienestar. La productividad alcanza su nivel más elevado y comienzan a producirse verdaderos milagros.

No me diga cuánto trabaja; hábleme
de los resultados que obtiene.

Cómo trabajar en equipo

En un trabajo de equipo es importante conocer los siguientes principios:

• Es más importante ser sincero y objetivo que hablar muy bien. El trabajo en equipo no es un concurso de elocuencia.
• Es más importante actuar con el objetivo de preservar la armonía del grupo que con el de vencer en las discusiones. Un equipo de trabajo no es un foro de debates.
• Su éxito y el de los demás son interdependientes.
• Es importante celebrar las victorias, aunque sean pequeñas. Para la moral de un grupo de trabajo, la celebración es como el filme para el guión: da vida a los personajes.
• Considere como parte del trabajo en equipo la continua evaluación del rendimiento del grupo.

La madurez es la capacidad de postergar
el reconocimiento.

El perfeccionamiento mediante el autoanálisis

A continuación encontrará algunas preguntas que pueden facilitar la planificación del trabajo en equipo. Son preguntas simples pero importantes, que ayudan a reflexionar y son muy útiles para corregir aspectos que pueden interferir negativamente en la dinámica de grupo.

Le sugiero que haga una copia de este cuestionario y que primero lo responda usted mismo. De esta forma podrá aplicar posteriormente este instrumento de reflexión en una reunión de su equipo.

Responder a estas preguntas en grupo le proporcionará un diagnóstico neutro y fiable para saber si el equipo va bien o no y cómo puede mejorar.

1) ¿Qué cosas positivas está haciendo el grupo y deberían incrementarse?

_____

_____

_____

2) ¿Qué cosas negativas deberían reducirse o eliminarse?

_____

_____

_____

3) ¿Cuáles son los puntos fuertes del equipo?

_____

_____

_____

4) ¿Cuáles son los puntos en los que se necesita aumentar el rendimiento?

_____

_____

_____

5) ¿Qué se puede hacer para aumentar la cohesión del grupo?

_____

_____

_____

No sea insustituible. Si no puede ser sustituido,
tampoco podrá ser ascendido.

6) ¿Cómo se enfrenta el grupo a los elogios, la aprobación, la aceptación y el agradecimiento cuando tiene éxito?

_____

_____

_____

7) ¿Cuál es el estilo de liderazgo predominante en el grupo?

_____

_____

_____

8) ¿Cómo se realiza la planificación y se adoptan las decisiones?

_____

_____

_____

El trabajo en equipo crea una atmósfera psicológica segura que hace que los miembros del grupo tengan más tendencia a arriesgar e innovar.

¡Si usted no está acostumbrado a trabajar en equipo, se está perdiendo una de las satisfacciones de la vida profesional!

El tren no puede pasar por una vía con tres mil kilómetros de rieles perfectos y sólo tres metros de rieles torcidos.

Reorientación
virtual

1

Integración
holista

Excelencia
personal

5

2

4

3

PREVISIÓN
DE MERCADO

Innovación
empresarial

4.1

Paradojas y paradigmas

Inventar nuevas realidades

Las paradojas son comunes y abundan en nuestras actividades cotidianas.

Imagínese cómo reaccionaría a la siguiente orden:

—¡Sea espontáneo!

Si no es espontáneo por naturaleza, no lo será. Si lo es, obedecerá mi orden; por lo tanto, tampoco así será espontáneo.

Estamos ante una paradoja.

Los paradigmas son los filtros con que percibimos las cosas y crean nuestra realidad subjetiva.

El cambio de un paradigma provoca en nosotros un cambio de nuestra actitud ante el mundo, creando nuevas posibilidades hasta entonces inadvertidas.

1	2
La frase de la derecha es verdadera.	La frase de la izquierda es falsa.

Si a Niels Bohr, el científico danés, le presentaran las dos frases anteriores, probablemente se sentiría muy satisfecho.

Vamos a pensar juntos, en cámara lenta, para ver adónde nos conducen esas dos frases:

1) La frase de la derecha es verdadera.

Es decir, la frase 2 es verdadera.

Veamos ahora lo que dice la frase 2:

2) La frase de la izquierda es falsa.

Es decir, la frase 1 es falsa.

Pero si la frase 1 es falsa, no debo creer en la frase 2, porque la frase 1 (que es falsa) está diciendo que la frase 2 es verdadera. Entonces, si la frase 1 es falsa, la frase 2 también es falsa. Siendo así, si la frase 2 es falsa, la frase 1 es verdadera...

No llegamos a ninguna parte.

Estamos ante una paradoja.

Según Niels Bohr, eso es una buena señal. Bohr decía: *«¡Qué bien que hemos topado con una paradoja! Ahora tenemos la oportunidad de progresar».*

> ***No me asociaría a un club que***
> ***me aceptase como socio.***
>
> GROUCHO MARX

Progresar ¿cómo? Cambiando las reglas de juego. *Cambiando el paradigma.* En la mayoría de los casos, un cambio de paradigma viene precedido por una paradoja.

Pero, en resumen, ¿qué es un paradigma?

Según Adam Smith, «es el modo en que percibimos el mundo. Es como el agua para el pez. Los paradigmas nos explican el mundo y nos ayudan a predecir su comportamiento».

El futurólogo estadounidense Joel Barker tiene una definición un poco más amplia que la de Smith. Dice que un paradigma es «cualquier grupo de reglas o reglamentos que establecen límites y nos dicen qué hacer para tener éxito dentro de esos límites».

El pez no sabe que vive en el agua hasta que se lo saca de ella. El pez que nunca ha salido del agua no puede saber qué es el agua porque no sabe *qué no es* el agua. Al no tener términos de comparación, no puede definir el agua.

Nosotros, los seres humanos, sólo somos conscientes de que actuamos según determinados paradigmas cuando cambiamos de paradigma. Somos como el pez en el agua.

Imagine la siguiente escena: su prima llega a casa después de un día de trabajo, vestida con unos pantalones tejanos de su hermano. ¿Tiene eso algo de malo? Suponiendo que los pantalones le queden bien, no parece haber ningún problema. ¿Está de acuerdo?

Imagine ahora que su primo llega vestido con una falda que su prima dejó por descuido en su cuarto. ¿Ve algo malo en ello?

Y no me estoy refiriendo al hecho de que use la falda sin permiso de ella. Eso no viene al caso en este momento. Me refiero al hecho de que su primo lleve una falda.

Al fin y al cabo, ¿por qué su prima puede usar unos pantalones y su primo no puede usar una falda? Simplemente porque ese es el paradigma vigente en nuestra sociedad. En otras sociedades los hombres llevan faldas sin ningún problema.

Los paradigmas sociales son importantes para mantener nuestra salud mental; de lo contrario, no sabríamos cómo comportarnos.

Los paradigmas son poderosos, pero no omnipotentes. Cuando un paradigma comienza a ser incapaz de resolver una serie de problemas que nos gustaría ver resueltos, la solución es encontrar otro paradigma que lo haga.

Albert Einstein nunca usó la expresión «cambio de paradigma», pero a eso se refería cuando decía: «Los problemas importantes no pueden resolverse en el mismo nivel de pensamiento en que se crearon». En otras palabras, muchas veces el único modo de resolver un problema es cambiar el paradigma.

No existe razón alguna para que alguien tenga un ordenador en su casa.

KEN OLSEN, *presidente de la Digital Equipment Corporation (que vendía únicamente ordenadores de gran formato), 1977*

Creo que el mercado mundial no admite más de cinco ordenadores.

THOMAS J. WATSON, *presidente de IBM, 1943*

Thomas Kuhn fue un historiador de la ciencia y profesor de la Universidad de Harvard que durante muchos años investigó el papel de los paradigmas en la actividad de los científicos. Descubrió que los científicos trabajan según ciertos paradigmas y llegó a la conclusión de que «cuando se produce un cambio de paradigmas, el mundo también cambia».

Cuando la Tierra era plana

Hubo una época en que el mundo era plano, según el paradigma vigente. Hasta que apareció Nicolás Copérnico y probó matemáticamente que la Tierra era redonda. Más tarde, un navegante genovés llamado Cristóbal Colón partió de Europa rumbo a Occidente, en dirección a las Indias Orientales. Además de comprobar en la práctica que Copérnico estaba en lo cierto, Colón descubrió un nuevo mundo, América.

Mientras la Tierra fue plana, era imposible dar la vuelta al mundo. ¿Cómo «dar una vuelta» a un mundo plano? Quien desafiase esa verdad podía caer en la nada al llegar al fin del mundo, o morir quemado por la Inquisición, lo cual es lo mismo. El mundo realmente era muy plano.

Cuando el paradigma vigente pasó a ser que el mundo era redondo, entonces sí fue posible «dar la vuelta al mundo».

El cambio de paradigma –de un mundo plano a un mundo redondo– generó posibilidades jamás imaginadas.

Siempre que se introduce entre los seres humanos un nuevo paradigma, a aquellos que dependen del paradigma que hay que sustituir no les gusta la idea y tratan de combatirla con todas sus fuerzas.

La primera reacción es la siguiente:

• Eso es nuevo, pero no es verdad.

Si el nuevo paradigma es realmente verdadero y no deja lugar a dudas, viene la segunda fase:

- Eso es nuevo y verdadero, pero probablemente no es importante.

Si el nuevo paradigma es realmente importante y se mantiene, surge entonces la tercera fase:

- Eso es verdadero e importante, pero no es nuevo. Ya lo conoce todo el mundo.

> **El hombre nunca será capaz de usar**
> **el poder del átomo.**
>
> ROBERT MILLIKAN, *Premio Nobel de Física, 1920*

El psicólogo y filósofo William James, padre de la psicología moderna y profesor de la Universidad de Harvard, decía que «una idea nueva primero es condenada por ridícula, seguidamente es despreciada por trivial, hasta que finalmente se transforma en aquello que todo el mundo sabe». De hecho, en todos los grandes cambios de paradigmas en la historia de la humanidad, siempre hubo un especialista de la época que se dirigió al público diciendo que el nuevo paradigma nunca funcionaría. Es lo que usted puede ver en algunos ejemplos clásicos que ilustran este capítulo.

> **¿Quién demonios quiere oír hablar a los actores?**
>
> HARRY WARNER, *de la Warner Brothers Pictures, 1927*

Dirigir hoy con la vista puesta en el futuro

En el campo de la dirección de empresas también se están produciendo grandes cambios de paradigmas.

Hasta hace muy poco tiempo, un buen gerente era aquel profesional que reaccionaba con rapidez ante las situaciones y era capaz de resolver problemas en la empresa donde trabajaba. Hoy en día la función de dirigir está cambiando drásticamente. Un buen ejecutivo debe identificar las oportunidades para la empresa y prever los problemas, preparando su solución antes de que surjan.

Si usted camina, tiene que ser capaz de ver algunos metros por delante para no chocar contra algún obstáculo.

Si conduce un coche, tiene que ver varias calles por delante; en caso contrario, podría chocar sin tener la oportunidad de frenar.

Si pilota un avión, tiene que ver bastantes millas por delante, o puede destruir el avión con todos sus tripulantes y pasajeros, usted incluido.

Si pilota un avión supersónico a más de 1.300 km/h y surge un obstáculo 2 km delante de usted, difícilmente conseguirá desviarse a tiempo.

Veamos:

a pie – metros
en coche – calles
en avión – millas.

Cuanto mayor sea la velocidad a la que se desplace, más atención necesitará prestar a lo que tiene delante.

**Las mujeres sensatas y responsables
no quieren votar.**

GROVER CLEVELAND, *presidente de
Estados Unidos, 1905*

111

Actualmente vivimos tiempos caóticos con un ritmo de vida alucinante. Hoy más que nunca el empresario debe tener los pies en el presente y la vista en el futuro.

Aquellos que viven un cambio de paradigma en su ámbito profesional y que deciden embarcarse en el nuevo paradigma, necesitan prácticamente empezar de cero. Esto es aplicable a las personas, las empresas y también los países. Cuando la industria relojera suiza decidió competir con los japoneses y los estadounidenses, tuvo que aprender electrónica como ellos. Como bien decía Joel Barker, la gran experiencia que los suizos tenían en la fabricación de relojes mecánicos no les sirvió prácticamente de nada cuando cambiaron las reglas de juego y los relojes electrónicos pasaron a dominar el mercado.

La empresa es una selva de paradigmas

Cambiar paradigmas implica declarar que nos hemos vuelto obsoletos. Y nadie desea ser calificado de obsoleto, ni sentirse como tal. Esta es una de las razones por las que muchos profesionales tienen tantas dificultades para cambiar de ideas en sus respectivas profesiones.

Toda empresa es una selva de paradigmas, y muchos empresarios están perdidos en esta selva sin conseguir ver la luz del sol.

Estamos rodeados de nuevos paradigmas. Sin embargo, hasta hace muy poco tiempo ni siquiera los autores de ciencia ficción imaginaban muchas de estas novedades sorprendentes e incitantes.

Es el caso de los tres paradigmas que presentaré a continuación como ejemplo de innovaciones que probablemente revolucionarán nuestra vida en los campos de la educación, el ocio, la religión, la cultura y las empresas.

Son nuevas propuestas que, ciertamente, influirán con fuerza en nuestra forma de hacer negocios.

La realidad virtual

La realidad virtual es uno de los nuevos paradigmas más impactantes de la actualidad, sumamente significativo por su potencial de transformación. Fue concebida por Jaron Larnier, fundador de VPL Research, en Palo Alto, California, y desafía la imaginación de los artistas y científicos más audaces.

Para experimentar la realidad virtual ha de colocarse un par de gafas especiales, equipadas con sensores que registran los movimientos de sus ojos. Las «lentes» de las gafas son dos pantallas de televisión conectadas a un ordenador. A continuación deberá ponerse unos guantes que detectan los más mínimos movimientos de sus manos y dedos.

¿Está listo para un viaje por un mundo totalmente nuevo?

> *La permanencia es una ilusión; solamente*
> *el cambio es real. Es imposible bañarse dos veces*
> *en el mismo río.*
>
> HERÁCLITO

Entonces elija adónde quiere ir. Por ejemplo, si desea asistir a una clase de química, puede estudiar una molécula caminando dentro de ella (acompañado de su profesor si lo tiene), examinando su núcleo, admirando una nube de electrones. ¿Prefiere la biología? Puede entrar en el interior de

un cuerpo humano, observar el funcionamiento del corazón, sentir sus latidos, navegar por la sangre a través de las venas, ver cómo los glóbulos blancos atacan una infección. ¿Geografía? Entonces acceda por medio del ordenador a imágenes del Amazonas, entre en las cámaras secretas de las pirámides de Egipto, o flote sobre los cráteres de la Luna.

Quizá le interesen los programas de formación profesional. ¿Vamos a ver cómo funcionan los hornos de una fábrica siderúrgica... entrando en ellos? ¿Damos una vuelta con el automóvil que se está proyectando para el año que viene?

¿O prefiere que el arquitecto le muestre el proyecto de su futura casa caminando por ella y hasta cambiando de posición las ventanas con un simple movimiento de las manos?

Pero usted quiere otra cosa: necesita reunir a algunos gerentes de su empresa que están en filiales a miles de kilómetros los unos de los otros. ¿Qué le parece reunirlos a todos... dentro del ordenador? Diseñe una sala con una mesa a su medida y el equipo necesario. En ese ambiente virtual podrá estrechar la mano de sus gerentes y todos podrán conversar frente a frente, tocar los objetos y hacer anotaciones sin tener que salir de sus respectivas ciudades.

¿Cómo es posible?

El punto básico de la realidad virtual es la capacidad del ordenador de procesar imágenes con gran rapidez. Calcula todos los datos que forman la imagen y los manipula, recreando las figuras desde todos los ángulos a partir de la imagen original. Las gafas especiales muestran dos imágenes, una para cada ojo, en ángulos exactos para producir un efecto tridimensional. Cuando usted mueve la cabeza o los ojos, los sensores oculares captan los movimientos y el ordenador modifica la figura inmediatamente, según el movimiento realizado. Es como si a través de las lentes de las gafas viese algo real, es decir, una «realidad virtual».

Se tiene la clara sensación de estar moviéndose dentro de las imágenes. De hecho, uno está en el *ciberespacio* (espacio cibernético). ¿Será una nueva dimensión de la realidad?

En 1991, el equipo de realidad virtual costaba unos 250.000 dólares estadounidenses. En 1995, ese precio ya se había reducido a 10.000 dólares (el 4 por ciento de lo que costaba cuatro años antes). En poco tiempo será asequible para los ordenadores domésticos.

Gaia

Cuando a James E. Lovelock, biólogo y químico, lo llamó la NASA para participar en una investigación sobre las posibilidades de vida en Marte, él mismo no imaginaba lo que estaba a punto de descubrir. Inventor de sensibles

aparatos de medición de los fenómenos naturales, formuló una serie de preguntas para indicar la existencia o no de vida en otros planetas, y en cierto momento se vio haciendo esas mismas preguntas en relación con la Tierra.

Estudió la Tierra como si fuese otro planeta. Investigó la química de la atmósfera, el equilibrio de la temperatura, la función de los diversos ecosistemas, hasta descubrir que todos esos datos tenían una estrecha correlación

Todos sabemos que hay vida en la Tierra. Si no la hubiese, no estaríamos aquí. Pero Lovelock fue más allá de ese paradigma tan obvio: ¡descubrió que la Tierra está viva!

Ese nuevo paradigma llevó a los científicos a cambiar su modo de ver el planeta, aproximándose a las propuestas ecológicas y a los postulados de las principales religiones del mundo.

Su hipótesis es simple y revolucionaria: la Tierra es un ser vivo. Hay interdependencia entre todas las formas de vida (animal, vegetal y mineral) para el mantenimiento del equilibrio de ese sistema vivo que se autorregula.

Todos los organismos que viven en nuestro planeta –desde el ser humano hasta un minúsculo insecto del Himalaya o una flor que sólo crece en la Patagonia– forman parte de un gran sistema integrado al que llamamos biosfera. Recurriendo a la mitología griega, Lovelock adoptó para la Tierra el nombre de Gaia, la madre naturaleza.

Los fractales y la teoría del caos

Dirija la vista hacia un pino grande. Observe que la forma de todo el árbol tiene semejanzas estructurales con la forma de cada una de sus ramas. Examine una rama con mucha atención y verá en su forma una estructura semejante a las hojas que la constituyen. Fíjese en la hoja y verá la misma semejanza en sus pequeños fragmentos. Observe uno de ellos y percibirá que esa misma estructura continúa en sus detalles minúsculos.

La experiencia no es lo que le sucede a usted; es lo que usted hace con lo que le sucede.

ALDOUS HUXLEY

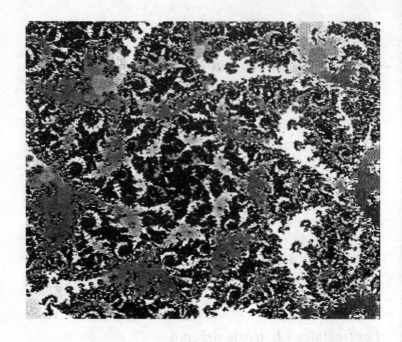

Ahora, imagine la posibilidad de expresar esa estructura en una pequeña fórmula matemática, programar con ella su ordenador y crear imágenes de un bosque de pinos, miles de ellos, con infinitos modelos y de formas variadas.

La libertad de crear a partir de fórmulas simples, con resultados de gran belleza, la perfecta armonía a partir del caos, de la imprevisibilidad de cada momento: eso son los fractales, la matemática de la naturaleza.

Todo a nuestro alrededor son modelos fractales. El fractal es un modelo simple que, repetido en cantidades suficientes, va creando imágenes cada vez más complejas.

Una gota de agua cae al suelo y salpica fractalmente. Las nubes, las montañas y todos los vegetales son fractales. Como la naturaleza de una enredadera es fractal, es posible generar su imagen en los ordenadores usando pocos valores numéricos que describan sus dimensiones básicas. Es el juego del caos, donde reglas simples se combinan con el caos para formar un orden previsible.

Imposible es aquello que no se ha hecho nunca hasta que alguien lo hace.

Los fractales proporcionan una fracción compacta del infinito, de una simplicidad que se suma a sí misma para crear una exuberante complejidad.

«Siempre estuvo aquí, esperando ser visto. ¿Por qué las formas son como son? Existen como partículas en un plano complejo, como estrellas y galaxias agrupándose en aglomeraciones cada vez más elevadas, en una infinitud de formas y niveles» (Dan Kalikow).

Se mire para donde se mire, hay modelos fractales, ejemplos significativos de la paradoja de la vida: orden y caos, predeterminación e imprevisibilidad. Con ellos el ser humano da un salto que nunca antes se había imaginado en su capacidad de entender y recrear la naturaleza.

Todas las actividades informatizadas de la industria, el comercio y la administración se realizarán por medio de esa matemática. Este nuevo modo de describir matemáticamente el mundo abre nuevas posibilidades de solucionar problemas. Y todo esto acaba de empezar.

La ambigüedad y la complejidad se mudan a nuestro vecindario para quedarse.

¿Cómo puedo cambiar mis paradigmas?

Si se siente confuso en cuanto a sus posibilidades de cambiar paradigmas en su vida profesional, lea atentamente la siguiente pregunta, formulada por el futurólogo Joel Barker:

Si lo que hoy es imposible en mi empresa fuese posible, ¿cambiaría de raíz la forma en que la administro?

Esta pregunta puede generar respuestas que introduzcan en su vida nuevos paradigmas profesionales y personales.

Un ejemplo típico de respuesta a esa pregunta es el rendimiento de la empresa HSM Cultura e Desenvolvimento. Organizadora de acontecimientos internacionales y considerada por muchos conferenciantes (Peter Drucker, Philip

Crosby, Tom Peters, Philip Kotler, etc.) líder mundial en la organización de seminarios, esta empresa brasileña es una prueba de que lo «imposible» puede hacerse realidad.

> *El progreso no es comparable a una línea recta y ascendente, sino a una espiral, con ritmos de progreso y retroceso, de evolución y disolución.*
>
> GOETHE

Vive el presente. Planifica el futuro.

4.2

Transformación empresarial

Cambiar para permanecer

Vivimos en una era exponencial. Se trata de algo que usted ya sabe aunque nadie se lo haya dicho.

La agricultura fue la base principal de nuestra economía durante ocho mil años. La industria actual no tiene todavía 300 años y ya pasó su apogeo, dando lugar a la era de la información, que aún no tiene medio siglo. Imagine lo que pasará de ahora en adelante si mantenemos la misma curva de aceleración.

Si soltásemos una manzana desde el punto más alto de las Twin Towers de Nueva York (400 metros de altura), llegaría al suelo con una velocidad de 320 km por hora.

Si golpeara a alguien en la cabeza, tendría que ser hospitalizado y, si sobreviviese, probablemente nunca volvería a ser el mismo.

Como ocurre con un cuerpo que cae atraído por la gravedad, cada segundo aumenta la velocidad de los cambios debido a la aceleración.

Por falta de comprensión y de concienciación del proceso de cambio, muchas empresas se ven alcanzadas por golpes de ese tipo. Son impactos que pueden parecer inofensivos al inicio del desarrollo de los hechos que los provocan (como una simple manzana), pero si no nos movemos, al cabo de algún tiempo, se vuelven fatales.

En la era de la agricultura, el mundo podía compararse a una máquina bastante simple. En una máquina, cuando alguna pieza se rompe, es fácil hacer que vuelva a funcionar bien sólo con sustituir la pieza rota. La simplicidad de esa máquina que es nuestra estructura social comienza a sufrir modificaciones cada vez más complejas. El mundo pasa a ser un sistema abierto, donde la *sintropía* forma parte de lo cotidiano y donde el sistema evoluciona prácticamente por sí solo.

La máquina convencional es entrópica, o sea, gasta energía y se deteriora a medida que funciona.

El sistema abierto es sintrópico, o sea, la energía se utiliza en el proceso de la propia evolución. El cambio (movimiento) y la evolución forman parte del mismo sistema.

La complejidad viene para quedarse

Como sistema abierto, la sociedad humana ha vivido grandes evoluciones, y en el mundo de los negocios una serie de factores contribuyó a la mayor aceleración del proceso:

- el uso generalizado del ordenador
- la revolución digital
- la explosión de la información
- los recursos de la telecomunicación

- la interdependencia global
- la internacionalización de la economía.

Estos factores han cambiado nuestra vida para siempre y han hecho que la visión del mundo sufra una verdadera mutación genética. El modelo holográfico es el que mejor simboliza este nuevo modo de vivir en nuestra Gaia (Gea, la Madre Tierra).

Los problemas simples requieren soluciones simples. Los problemas complejos requieren soluciones complejas.

En la era agrícola, el ser humano no precisaba usar demasiado el neocórtex para triunfar en el mercado. Todo consistía en plantar y cosechar, plantar y cosechar, plantar y cosechar. Pensar en una sola dimensión era más que suficiente.

En la era industrial, la situación se volvió un poco más complicada y el *estrés* pasó a formar parte de nuestra vida cotidiana. El mundo se volvió más caótico. Y del caos, paradójicamente, surgió más orden, para tener un cierto control sobre el caos.

El equilibrio no es la finalidad ni la meta de los sistemas abiertos. Para mantenerse viable, un sistema abierto necesita hallarse en un constante estado de desequilibrio.

ILYA PRIGOGINE

Las situaciones paradójicas, que casi siempre se producen sin que la gran mayoría de la gente se entere, desencadenaron cambios de paradigmas cada vez más acentuados.

125

El pensamiento bidimensional se hizo necesario para la supervivencia y el éxito.

En la era de la información, el hombre se ve frente a la parte más difícil de esa trayectoria exponencial y siente el «choque del futuro» tan bien descrito por Alvin Toffler.

La complejidad ha venido a instalarse entre nosotros, trayendo cambios en todas las áreas. Como en un verdadero carnaval, todo el mundo está invitado a la fiesta, y el que no venga, de todos modos también bailará.

La música al son de la cual todos bailamos, lo queramos o no, son los cambios de todo tipo: económicos, sociales, culturales, tecnológicos y políticos. En algunos ámbitos, el ritmo no sólo se está acelerando, sino explotando. Y esa explosión no muestra ninguna señal de disminuir en el futuro: por el contrario, habrá de aumentar en los próximos cincuenta años de un modo impensable para nuestro cerebro actual.

* * * *

Una buena ilustración de lo que representa la aceleración en crecimiento exponencial es la siguiente situación:

Si usted pudiese escoger entre las dos opciones siguientes, ¿cuál preferiría?

1. Recibir 1 millón de dólares por un mes de 31 días de trabajo, en diez mil billetes de cien, todos auténticos. O...

2. Recibir, como remuneración por su trabajo, 1 centavo el primer día, 2 centavos el segundo, 4 centavos el tercero, y así sucesivamente, doblando cada día, durante los 31 días del mes, la cantidad recibida el día anterior.

¿Ya ha tomado su decisión? Si quiere, piénseselo un poco. Después de decidir, vaya al final de este capítulo y vea si su decisión ha sido la correcta.

Nuevas dimensiones de la percepción humana

El mundo se ha vuelto un holograma completo en el cual todas las partes son interdependientes. El todo está en cada parte. Y cada parte es el todo.

La competencia es global e interdependiente. Un aumento de la productividad en Japón repercute en la economía de Brasil y alguien en otra parte del mundo se puede quedar sin trabajo. Una simple «hoja» cae de un «árbol» en Singapur y acaba provocando un «tifón» en Nueva York y un exceso de «lluvias» en São Paulo.

En los conceptos de la física clásica (cartesiana/newtoniana), para entender el todo hay que entender las partes. En los conceptos de la física cuántica, para entender las partes hay que entender el todo. En el concepto holográfico, la parte es el todo, la pregunta es la respuesta.

Para vivir, sobrevivir y tener éxito en el mundo holográfico es necesario pensar en tres dimensiones, algo que desgraciadamente no se enseña en nuestras escuelas.

Imagine, por ejemplo, el siguiente dibujo:

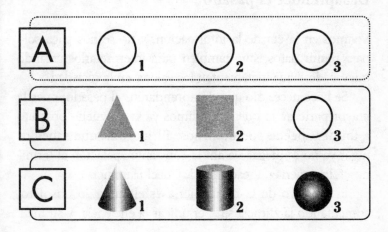

Si proyectamos de arriba abajo un rayo de luz sobre un cono, un cilindro y una esfera, la proyección de las tres figuras sobre un plano que se encuentre por debajo de ellas, será la misma: un círculo (figuras A1, A2 y A3). Así, quien sólo pueda pensar en una dimensión no conseguirá distinguir las formas A1, A2 y A3. Todo será un círculo.

Quien sea capaz de percibir el mundo en dos dimensiones (línea B), mirando de lado verá que la figura 1 no es un círculo sino un triángulo, que la 2 es un rectángulo y que la 3 continúa siendo un círculo.

Quien sea capaz de percibir tres dimensiones (línea C), verá que la figura 1 es en realidad, un cono, que la 2 es un cilindro y que la 3 es una esfera.

La percepción de estas tres personas será totalmente diferente. Como lo que se percibe es lo real, la realidad experimentada por cada una de ellas será distinta por completo.

La persona que piensa en tres dimensiones tendrá muchas más opciones y recursos que las otras dos.

Desaprender el pasado

Vivimos en la era de la información, y no se nos paga sólo para reunir datos, sino también para interpretarlos creando nuevas ideas que incrementen los valores en la sociedad.

Se hace necesario que desaprendamos el pasado, pues la mayor parte de lo que aprendimos ya se ha vuelto obsoleto e inútil y puede confundirnos. El juego al que sabemos jugar ya no se juega. De ahí la constante apelación al término «reingeniería», creado por Michael Hammer.

El objetivo de la reingeniería es eliminar lo obsoleto, aumentando la eficacia sin perjudicar la eficiencia, y su meta final es la satisfacción del cliente. Esta clase de procesos a veces funcionan más y a veces menos; hay ocasiones en que se producen cambios radicales y otras en que simplemente tienen lugar algunos cambios exigidos por el mercado. Pero como esos cambios son constantes y cada vez más profundos, instrumentos como la reingeniería, si se aplicasen con una visión multidimensional, podrían incluso reinventar el mercado o modificar toda la estrategia de una empresa.

La reingeniería trata de comenzar de nuevo, como una hoja de papel en blanco, rechazando la sabiduría convencional y las suposiciones heredadas del pasado.

MICHAEL HAMMER

Dar un nuevo significado al presente, inventando el futuro

¿Cuál es el significado más común de la palabra «virtual»? Es lo que existe potencialmente, pero aún no se ha concretado. En este sentido, la reestructuración de una empresa es un proceso puramente virtual. Una nueva realidad comienza a existir en la mente de los ejecutivos de la empresa, luego esa realidad pasa a existir en la conciencia y las actitudes de todos los empleados, y entonces es cuando las perciben los proveedores y clientes, hasta que se transforma en realidad «palpable».

Haga del cambio un modo de vida.

A veces, dar un nuevo significado a la empresa es suficiente para cambiar todos los sentimientos empresariales

129

vigentes, y con ello modificar sustancialmente el modo en que trabajamos juntos, pensamos juntos y procesamos información juntos. Con una nueva definición estratégica sobre qué es la empresa, cuál es su finalidad y cuáles son sus metas, se abren nuevos caminos para el éxito en los negocios. El aumento de la productividad, la innovación, el pensamiento estratégico, la gestión empresarial, la comunicación interpersonal, el desarrollo de los recursos humanos y el marketing son herramientas que forman parte de este proceso.

Dar un nuevo significado a algo, a veces perturba el orden establecido. Los desórdenes crean desequilibrio, pero el desequilibrio puede conducir al crecimiento. Además, el desequilibrio es la condición *sine qua non* para el crecimiento y la evolución.

El conflicto es necesario para que haya armonía.

Los niños, por lo general, provocan situaciones que los adultos evitamos, tales como el desequilibrio, la novedad, la pérdida de control y la sorpresa.

El equilibrio es una condición en la cual la resultante del movimiento es cero. Como ya hemos visto, los sistemas cerrados (como las máquinas convencionales, por ejemplo) tienden a deteriorarse, son entrópicos. Cuanto mayor es la entropía, menor es la posibilidad de que se produzca un desequilibrio y por tanto un cambio, y mayor es la probabilidad de que se mantenga el orden establecido.

Para entender esa reingeniería virtual primero es necesario entender el *hardware* y el *software* que constituyen una empresa, y a partir de ahí decidir qué hacer para volverla más competitiva en un mercado que se comporta como un blanco en movimiento.

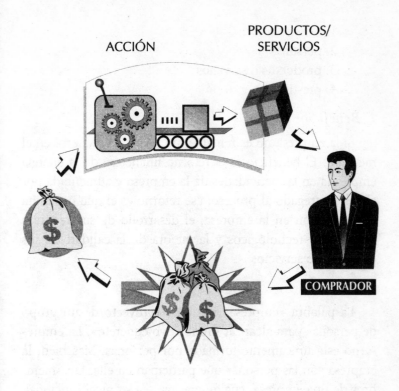

ACCIÓN

PRODUCTOS/
SERVICIOS

COMPRADOR

El motor de la máquina empresarial

La estructura dinámica de un negocio puede representarse como lo muestra la siguiente figura:

El dinero puede ser suyo o no, pero tiene que existir para que pueda hacerse algo con él, generando productos o servicios. Con la comercialización de esos productos o servicios, la empresa se mantiene y crece según sus beneficios (facturación − costes = beneficio)

Por tanto, los objetivos de una empresa pueden resumirse en:

131

1. beneficio
2. personas
3. productos o servicios
4. prestigio.

1. Beneficio

Si la empresa no es rentable, no podrá mantenerse en el mercado. El beneficio es el retorno financiero de la energía empleada en las actividades de la empresa y aumentada por el valor agregado al proceso; ese retorno es el que posibilita la reinversión en la empresa, el desarrollo de sus recursos humanos y tecnológicos y la mejora de la calidad de sus productos o servicios.

2. Personas

La palabra «empresa» significa «proyecto de un grupo de personas para alcanzar un objetivo concreto». La empresa no está únicamente formada por personas. Más bien, la empresa son las personas que participan en ella. Los miembros de una empresa, cualquiera que sea su nivel funcional, tienen ahí una oportunidad no sólo de sobrevivir, sino principalmente de autorrealizarse.

3. Productos o servicios

La empresa únicamente es viable en la medida en que satisface los deseos de sus clientes. Lo que una empresa produce o los servicios que presta tienen que ser de la mejor calidad posible, siempre innovando y anticipándose a las necesidades del mercado.

4. Prestigio

La empresa con éxito es la que tiene una imagen francamente positiva, de prestigio e importancia social. De esa forma sus miembros sentirán que están contribuyendo a hacer de este planeta un mundo mejor.

Una empresa, como ya hemos visto, es un «diálogo» que existe en la mente de los que forman parte de ella y de todo el mercado que escucha sus melodías afinadas o desafinadas.

Para proceder a cualquier reestructuración virtual, antes que nada es necesario que la empresa sepa claramente cuál es la posición real que ocupa en el mercado.

En el nuevo paradigma, el trabajo es un vehículo de transformación.

MARILYN FERGUSON

IDEAS QUE CONFUNDEN

1. Nunca hagamos esto.
2. Ya lo probamos antes.
3. No se asocie si no está en quiebra.
4. Necesitamos más información.
5. Esto no funciona en nuestra empresa.
6. No es lógico.
7. No entra en mis responsabilidades.
8. No podemos arriesgarnos.
9. Es imposible.
10. No estamos preparados.
11. Nuestra empresa es diferente.
12. Nuestros competidores no lo hacen así.
13. _____
14. _____
15. _____

¿Sabe definir su negocio?

Ya no hay situaciones estables en el mercado empresarial.
Su empresa, se halle donde se halle, está subiendo o bajan-
do (fase ascendente o descendente de la curva). Si usted
quiere saber cómo dirigirla, tiene que saber cuál es su tipo
de negocio.

¿Cuál es su negocio?

_____

_____

_____

* * * *

Una vez le preguntaron al presidente de la empresa Rolex:

–¿Cómo va el mercado de los relojes?

Él respondió:

–No lo sé.

–¿Cómo es posible que no lo sepa, si usted fabrica el
Rolex?

–Sí, pero el Rolex no es sólo un reloj, es una joya. Quien
quiere un reloj se compra un Casio o un Seiko, no un
Rolex.

* * * *

Defina, por lo tanto, su negocio y luego identifique los factores críticos de éxito en el mercado en el que trabaja.

Existen factores críticos comunes a todas las empresas. Vamos a ilustrarlo con una historia:

Una vez un periodista le preguntó a Willie Sutton, un famoso atracador de bancos de Estados Unidos:

–Willie, ¿por qué siempre asalta bancos?

El atracador abrió los ojos como si no entendiera por qué le hacían esa pregunta si la respuesta era tan obvia:

–¡Porque es allí donde está el dinero!

* * * *

¿Cuál es el principal factor crítico de éxito en su empresa?

Respuesta: la integridad. Es ahí donde está el dinero empresarial.

Otro importante factor crítico es trabajar con excelencia, es decir, hacer bien una cosa desde el principio. La excelencia es siempre el resultado de un esfuerzo planeado. Es la verdadera Calidad Total. No es únicamente la calidad del producto o del servicio, sino también la perfección en todo el proceso de trabajo, la participación positiva y eficaz de todos los miembros de la empresa.

La excelencia se contagia, inspira y da energía a toda la empresa, exigiendo compromiso y tenacidad en el liderazgo empresarial a todos los niveles.

Procura contribuir más de lo que cuestas.

Cómo programar el futuro de su empresa

Es muy importante que consiga entrenar su mente para ver las posibilidades, definir las verdaderas expectativas y decidir qué hay que hacer ahora para superar los obstáculos de mañana. La previsión es el alma del negocio.

Al responder a las siguientes preguntas, ejercitará su capacidad (que potencialmente tenemos todos) de prever el futuro de su empresa. Después de responderlas, estará en condiciones de hacer el ejercicio de evaluación y programación del futuro, que encontrará en las páginas siguientes.

1. ¿Cuál es la situación ideal en la que podríamos estar dentro de un año?

_____

_____

_____

2. Visto de modo realista, ¿cuál es la situación en la que estaremos dentro de un año?

_____

_____

_____

3. ¿Cuáles son los obstáculos probables que pueden desviarnos de la realización de nuestro ideal?

_____

_____

_____

136

4. ¿Qué es lo que probablemente aprenderemos enfrentándonos a esos obstáculos y venciéndolos?

_____

_____

_____

5. ¿Qué debemos hacer hoy para aumentar nuestras posibilidades de superar esos obstáculos?

_____

_____

_____

* * * *

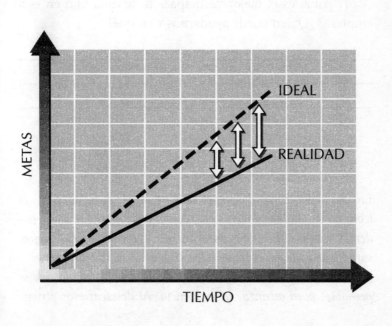

Para conseguir superar los obstáculos del futuro hemos de comenzar hoy mismo a fortalecer nuestra empresa. ¡Desde este mismo instante! **El futuro comienza exactamente ahora.**

Contestemos a un par de preguntas más antes de llegar al ejercicio principal de este capítulo. Continúe respondiendo porque es una poderosa forma de concienciarse.

6. ¿Cuáles son nuestros puntos fuertes y cuál es la mejor manera de aprovecharlos en nuestro beneficio?

_____

_____

_____

7. ¿Cuál es la mejor participación de cada uno en esta empresa? ¿Quién puede ayudarnos y en qué?

_____

_____

_____

* * * *

En una selva, conocida por el nombre de Gran Selva, S.A., el león, en calidad de director-presidente, convocó a sus vicepresidentes y demás directores para discutir el mejor modelo empresarial, capaz de hacer frente a los problemas de la Nueva Era.

Durante tres días cada director habló de los atributos indispensables para alcanzar la excelencia. Al destacar esos atribu-

138

tos, solemnemente denominados «factores de éxito», cada uno de los convocados se inspiraba en sí mismo.

–En esta Gran Selva alcanzaremos la excelencia cuando todos los animales sean capaces de correr a gran velocidad. ¡Ningún peligro podrá alcanzarnos! –dijo el conejo.

–Apreciados compañeros –manifestó solemnemente la ardilla–. La capacidad de escalar las montañas y los árboles más altos reviste una importancia fundamental entre todos los demás factores de éxito, pues desde la cima conseguimos observar con más amplitud lo que ocurre en estos dominios.

–El factor de éxito más importante para los habitantes de esta selva, atravesada por tantos ríos, es la capacidad de nadar –dijo el pato.

–Pues a mí me parece –argumentó el águila– que el talento más poderoso para los habitantes de esta selva sería la capacidad de volar a gran altura.

Y así sucesivamente, los animales fueron enalteciendo las más diversas cualidades. La lechuza alabó el don de ver en la oscuridad, la luciérnaga elogió el poder de producir luz propia, el tigre proclamó la superioridad de los que tienen garras afiladas, y así hasta que la secuencia de los discursos se hizo tan agotadora que el león interrumpió la discusión con un gran rugido.

–¡Basta! Vamos a nombrar un Consejo Consultivo con la función de definir de una vez por todas los factores de éxito.

Después de más de una semana de reuniones, las cualidades más votadas fueron: correr, escalar, nadar y volar. Luego se determinó que el Departamento de Personal de la Selva organizase un proceso de Formación y Desarrollo con el objetivo de preparar a todos los animales para que dominasen esos factores.

El león aprobó las recomendaciones del Consejo Consultivo y comenzó el entrenamiento. Pero, por más que se esforzaron,

139

para ninguno de los animales fue fácil dar cumplimiento a la decisión.

El pato era un excelente nadador, pero era mediocre al volar y pésimo al correr. Como corría muy despacio, tenía que quedarse practicando después de las clases y así tenía menos tiempo para nadar. Como intentaba correr hasta que las patas le dolían, comenzó a nadar con dificultad.

El conejo comenzó siendo el primero en las carreras, pero tuvo un ataque de estrés debido al gran esfuerzo que dedicó al aprendizaje de la natación, y a la frustración que le produjo.

La ardilla era excelente escalando, hasta que se lesionó cuando tuvo varias caídas en las clases de vuelo. También tuvo notas bajísimas en las de atletismo y natación.

Al águila no se le dio nada bien la natación, se hirió una de las alas y acabó sin poder hacer la prueba de vuelo.

La evaluación del primer mes de entrenamiento fue tan negativa que los animales hicieron una nueva reunión. El león, enojado y nada democrático esta vez, ordenó que todo volviese a ser como antes.

El clima se volvió tenso, hasta que el mono levantó la mano y pidió la palabra:

—Vamos a aprender de esta experiencia, queridos amigos. Para enfrentarse a la Nueva Era, tal vez lo más importante sea la cooperación de todos, los unos con los otros. Participar con lo mejor de cada uno, sumando las diferentes cualidades, ¿no es más productivo que intentar hacer lo que hacen mucho mejor los demás?

Todos aplaudieron, y la Gran Selva fue más próspera que nunca.

* * * *

140

¿Adónde quiere llegar?

Para visualizar el futuro de su empresa tenga en consideración las tendencias políticas (mundiales, nacionales y regionales), económicas (macro y microeconómicas), sociales, tecnológicas y comerciales.

Lo que hacemos está determinado por nuestro pensamiento.

Lo que pensamos está determinado por nuestra experiencia.

Nuestra experiencia está determinada por las elecciones que hacemos.

Elija estar en los lugares apropiados, llevar a cabo las tareas adecuadas, hablar con las personas que le puedan transmitir la experiencia necesaria para pensar «a lo grande» y hacer lo que los demás consideran «imposible».

Quienes son incapaces de recordar el pasado
están condenados a repetirlo.

GEORGE SANTAYANA

---

1. Visualice dónde quiere que esté su empresa dentro de doce meses.
2. Tome conciencia de dónde y cómo está su empresa hoy.
3. Desarrolle un plan capaz de conducirlo desde el momento presente hasta el futuro que ha visualizado.
4. Identifique los obstáculos que probablemente encontrará en su camino y prepárese para superarlos.

Es un hecho comprobado que el trabajo intelectual produce más beneficios que el trabajo físico, y que el movimiento, por sí solo, no significa acción.

Joel Barker, futurólogo estadounidense, expresa muy bien este concepto con la siguiente frase:

La velocidad sólo es útil si se corre en la dirección correcta.

Por lo tanto, antes de comenzar a moverse, procure saber cuál es la dirección que quiere tomar.

El analfabeto de mañana no será la persona incapaz de leer. El analfabeto de mañana será la persona que no ha aprendido cómo aprender.

ALVIN TOFFLER

En la era de la agricultura, el poder estaba en manos de quien poseía la tierra: era un poder vitalicio. Una vez «dueño», «dueño» para siempre. En la era industrial, el poder era de quien tenía el dinero. Una vez «rico», «rico» para siempre. En la era de la información, el concepto de riqueza ha cambiado. Hoy se es «rico» o «pobre» en información, pero ese producto, como ya hemos dicho, es altamente perecedero: a nadie le interesa, por lo general, leer el periódico de ayer, aunque no lo haya leído.

En la era de la información ya no hay situaciones estables: o se sube o se baja en la curva de la evolución.

Dudley Lynch y Paul Kordis, en el libro *La estrategia del delfín,* sugieren una propuesta que nos inspiró la creación de un nuevo método, descrito más adelante, en el cual adaptamos la evaluación empresarial al modelo médico (diagnóstico/terapia/seguimiento), y recomendamos qué hay que hacer en cada situación.

Aprenda a hacer su propio diagnóstico

Este libro trata del éxito empresarial, pero usted sabe que el éxito no se consigue sólo leyendo libros. Es indispensable poner en práctica los conocimientos.

Utilice, por lo tanto, este modelo para evaluar su empresa. Hágalo ahora, ya que será valioso para su capacidad de prever y programar el futuro. Si quiere, también puede aplicar este modelo a su vida personal.

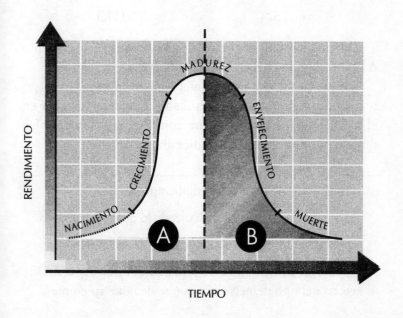

I. –¿Obtiene su empresa los resultados que usted desearía obtener en el mercado y esos resultados van en aumento?

( ) SÍ   ( ) NO

Concéntrese en la pregunta anterior. Si la respuesta es SÍ, está en el lado **A** de la curva. Si la respuesta es NO, está en el lado **B** de la curva.

Vamos a imaginar que la respuesta ha sido SÍ. Entonces, enfocaremos nuestra atención en el lado **A**.

Su empresa puede estar en el segmento **A1** o en el segmento **A2**, según la respuesta que dé a la pregunta II:

II. –¿Cree que si su empresa continúa haciendo lo que hace hoy, seguirá obteniendo buenos resultados durante los próximos 5 o 10 años? (Usted también puede hacer esta pregunta a todos los directivos de su empresa: la democracia como instrumento para determinar la realidad empresarial.)

( ) SÍ   ( ) NO

Si responde SÍ, su empresa está situada en el segmento **A1**. Si responde NO, en el segmento **A2**.

Centremos ahora nuestra atención en la posición A1, o sea: su empresa obtiene los resultados que desea obtener en el mercado y todo indica que continuará obteniéndolos durante los próximos cinco o diez años.

Diagnóstico: Muy buena salud empresarial.

Recomendación: Continúe haciendo lo que está haciendo.

Seguimiento: Nuevo control dentro de seis meses.

Nota: El tiempo hasta el próximo control dependerá mucho del tipo de negocio a que se dedique su empresa.

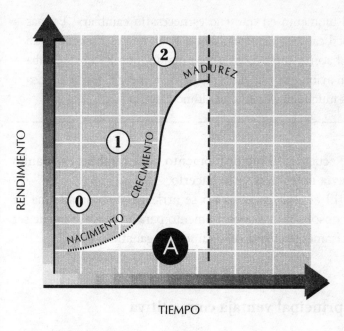

Por ejemplo, en el área de la informática, se hará a los tres meses, mientras que en el área de la construcción podrá realizarse dentro de dos o tres años.

Vamos ahora a centrarnos en la situación **A2**, o sea: su empresa obtiene los resultados que desea en el mercado, pero todo indica que no continuará obteniéndolos durante los próximos cinco o diez años.

Diagnóstico: «Sistema inmunitario dañado».

Recomendación: Comience a hacer algo diferente.

Seguimiento: Observación constante, redoble la atención.

Lo más difícil es convencer a alguien de que cambie en

el momento en que «no es necesario cambiar». Es más fácil cambiar el ángulo de un avión que está ascendiendo y hacerlo subir todavía más rápido, que hacer que suba un avión que está descendiendo; la energía que se precisa es mucho mayor en este último caso.

Recuerde: **El mejor momento para cambiar es cuando todavía no es necesario hacerlo.**

¿El equipo ganador no se arriesga? Ese paradigma ya está obsoleto. El mejor momento para arriesgarse puede ser precisamente cuando el equipo está ganando.

La principal ventaja competitiva

Si permite que su empresa llegue a «la cima de la montaña», desde allí sólo tiene un camino: «cuesta abajo».

¿Sabía que la mayoría de los accidentes fatales que sufren los alpinistas que escalan el Everest no se producen durante el ascenso sino en el descenso? Exactamente cuando ya han logrado el éxito y se relajan, dejan de prestar la debida atención a los detalles de seguridad, y entonces el peligro los sorprende con consecuencias fatales.

¿Cómo comenzar a cambiar antes de que exista la necesidad perentoria de hacerlo y, al mismo tiempo, aprovechar lo que resta de la fase ascendente de la curva antes de alcanzar la «cima»?

La realidad continúa siendo nuestra mejor aliada.

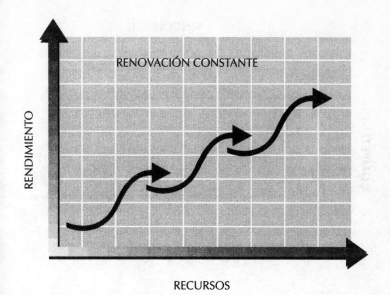

RENOVACIÓN CONSTANTE

RENDIMIENTO

RECURSOS

Para que exista una renovación constante en su empresa es necesario que usted sea consciente de que la única ventaja competitiva que tiene hoy en el mercado es su capacidad de aprender más rápido que los demás.

Parafraseando a Aristóteles Onassis, el secreto de un negocio está en saber algo que nadie más sabe.

Para que esos cambios ocurran y usted se transforme con ellos, saliendo victorioso, es necesario que tenga autonomía y la orientación y el apoyo de los colegas del equipo, y también que trabaje con sinceridad y competencia.

No basta con saber: debemos esforzarnos.
No basta con querer: debemos hacer.

GOETHE

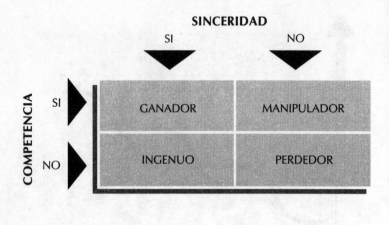

	SINCERIDAD	
	SI	NO
COMPETENCIA SI	GANADOR	MANIPULADOR
NO	INGENUO	PERDEDOR

* * * *

Sólo somos capaces de realizar cambios cuando creemos que los nuevos pensamientos e ideas pueden organizarse por sí solos en el ambiente de nuestra mente y nuestra empresa.

La sinceridad y la competencia como instrumentos de trabajo nos conducen a un nuevo comienzo, a renacer para volver a tener éxito. La sinceridad sin competencia es ingenuidad; las buenas intenciones no conducen a nada. La competencia sin sinceridad es manipulación; de eso ya tenemos bastante y es un juego que no vale la pena jugar. Sin competencia y sin sinceridad no se tiene derecho ni a entrar en el campo.

El mundo se mueve tan rápidamente estos días
que la persona que dice que «no se puede hacer»,
se ve interrumpida por alguien que lo está haciendo.

ELBERT HUBBARD

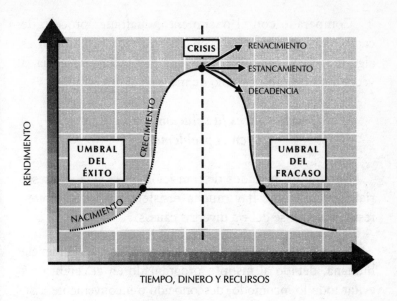

La curva del renacimiento

Imagínese a un bebé al comienzo de la contracción uterina, después de pasar nueve meses recibiéndolo todo a tiempo y al momento, con una temperatura constante y protección completa de su medio ambiente. De repente se ve forzado a pasar por un canal de menor diámetro que el de su cráneo, con la consiguiente compresión. En el otro extremo lo reciben muchas veces con fórceps, y manos extrañas lo sacan a un mundo desconocido y frío; inmediatamente le cortan el cordón umbilical (lo cual le provoca un gran sufrimiento), lo ponen cabeza abajo y le dan una palmada en el culo. En ese momento respira por primera vez con una sensación de dolor y de muerte inminente. Es uno de los mayores traumas que el ser humano va a tener en esta vida, una de las transformaciones más fantásticas que se dan en la naturaleza.

149

Comparado con el nacimiento, cualquier proceso de cambio en una empresa o en nuestra vida profesional es algo muy fácil. Entonces, ¿por qué hay tanta resistencia, a veces por un simple cambio de mesa en el despacho?

Muchas veces la solución se convierte
en el problema.

Durante los períodos de transición en la vida empresarial, generalmente hay mucha resistencia a los cambios, resistencia que se debe a diversas causas:

1. En general los cambios son incómodos. La tendencia humana, debido al instinto programado en el cerebro, es evitar todo lo incómodo, desconocido o inconveniente. Así, acostumbramos a resistirnos a todo aquello que nos saca de nuestra «zona de comodidad»; ahora bien, cualquier aprendizaje o transformación en nuestra vida sólo es posible fuera de esa «zona de comodidad».

2. Es común que los miembros de una empresa se sientan inseguros, a causa del miedo que tenemos a lo desconocido.

3. Nos sentimos amenazados por la posibilidad de que nuestra función en la empresa sea eliminada.

4. Intentamos proteger a cualquier precio nuestra posición social, nuestros privilegios y nuestro prestigio.

5. Las principales innovaciones implantadas en la mayoría de las empresas no cuentan con la participación de los empleados, inclusive a niveles directivos, lo cual provoca la siguiente actitud: «Ya que no fuimos invitados a planificar el cambio, ese proyecto es *suyo*, y no nuestro».

6. La ignorancia, por falta de comunicación y de espíritu de colaboración, crea incomprensión y falta de compromiso: al no haber participado en el proceso desde sus orígenes, no sabemos qué nos espera.

7. En los procesos de cambio mal llevados, muchas veces nos sentimos manipulados por las circunstancias.

8. Las inseguridades y la rebelión contra la forma en que se lleva el proceso de cambio genera entre los empleados una buena dosis de pesimismo y negatividad.

9. «Hace tantos años que trabajamos de esta manera, ¿y ahora vamos a cambiar? ¿Para qué? ¡No sé hacer mi trabajo de otro modo!»

* * * *

Cuando se propone una reestructuración sustancial en la empresa, generalmente se dan las siguientes reacciones:

– el 10% lo acepta de inmediato;
– el 25% lo acepta con un poco de persuasión;
– el 35% lo acepta con mucha persuasión;
– el 30% sólo acepta después de que se produzca el cambio con éxito.

Los hombres razonables se adaptan al mundo.
Los hombres no razonables adaptan el mundo a ellos.
Por eso, todo el progreso depende de hombres
no razonables.

BERNARD SHAW

La gestión del cambio es algo complejo y requiere mucha atención por parte de los dirigentes de la empresa. Se hace necesario pensar en todo el proceso de cambio: hay que proporcionar la estructura y la tecnología adecuadas para que se den las transformaciones, procurar potenciar los recursos ya existentes, mantener los departamentos pequeños, tolerar los fallos durante la transición, motivar a los campeones del cambio y jugar al ganar-ganar.

> *Los empresarios son gente que hacen bien las cosas («do things right»), y los líderes son los que hacen lo que hay que hacer («do the right things»).*
>
> WARREN BENNIS

Usted puede y debe crear el futuro de su empresa antes de que alguien lo haga de una forma que tal vez no le guste.

> *Los miembros más talentosos de la especie humana son más creativos cuando no pueden obtener lo que quieren.*
>
> ERIK HOFFER

* * * *

Todas las mañanas, en África, una gacela se despierta. Sabe que tiene que correr más rápido que el león más veloz si no quiere que éste la alcance y la mate.

Todas las mañanas, en África, un león se despierta. Sabe que tiene que correr más rápido que la gacela más lenta o morirá de hambre.

No hay diferencia entre el león y la gacela. Cuando amanece, lo mejor es empezar a correr.

> *Cuando se patina sobre una fría capa de hielo, nuestra seguridad depende de nuestra velocidad.*
>
> RALPH WALDO EMERSON

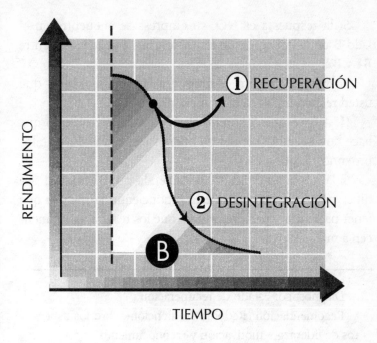

El éxito en el pasado no garantiza nada

Cuanto mayor ha sido el éxito de una empresa en el pasado, mayor es la probabilidad de que su estrategia se quede obsoleta y, en consecuencia, mayor es la necesidad de cambios drásticos.

Volvamos a la pregunta inicial de nuestro ejercicio, para centrarnos en el otro lado de la curva, que representa los ciclos de la vida empresarial:

I. –¿Obtiene su empresa los resultados que usted desearía obtener en el mercado y esos resultados van en aumento?

( ) SÍ ( ) NO

153

Si la respuesta es NO, su empresa se encuentra en el lado **B** de la curva, en una posición que puede variar entre **B1** y **B2**.

Volvamos ahora a la pregunta **II**, considerando que usted respondió NO a la primera pregunta:

II. –¿Cree que si su empresa continúa haciendo lo que hace hoy, seguirá obteniendo buenos resultados durante los próximos 5 o 10 años?

Si la respuesta es SÍ, usted está en la fase **B1**, lo cual significa que el cambio ya se está produciendo y que hay que tener paciencia y perseverar para que los resultados comiencen a manifestarse.

Diagnóstico: Estado de recuperación.

Recomendación: Redoble su atención sobre los aspectos de liderazgo, motivación y reconocimiento.

Seguimiento: Realizar frecuentes controles.

Si la respuesta es NO, su empresa se encuentra en la fase **B2** de la curva, lo cual significa que camina en dirección a... ¡la desintegración!

Diagnóstico: Enfermedad maligna con mal pronóstico.

Recomendación: Hospitalización urgente en la Unidad de Cuidados Intensivos con perspectiva de intervención quirúrgica.

Seguimiento: Control continuo de las constantes vitales.

Recuerde que, según los chinos, la palabra *crisis* tiene dos significados: peligro y oportunidad.

Toda crisis implica la oportunidad de un cambio de paradigma.

(Respuesta a la pregunta del crecimiento exponencial):

Si usted decidió recibir un centavo el primer día y doblar su remuneración cada día, durante 31 días, le felicito. *¡Al final del mes habrá recibido más de 21 millones de dólares!* Será una suerte siempre que no se trate del mes de febrero de un año no bisiesto, ya que en 28 días ese salario exponencial no llegaría a los tres millones de dólares.

4.3

Márketing

Crear oportunidades inexistentes

Al principio el hombre recolectaba para comer. Después comenzó a guardar. Más tarde aprendió a cazar y a pescar. También comenzó a tejer su ropa y a fabricar sus herramientas. Milenios después aprendió a plantar. Lo que producía era·suyo y de su grupo, pero con el tiempo empezó a tener excedentes y los cambió por otros productos. Algunos comenzaron entonces a viajar hacia otras tribus y después a regiones distantes, para intercambiar productos. Se instituyeron las monedas y valores de trueque, y los negocios se transformaron en transacciones de compra y venta. La perspectiva del beneficio impulsó la producción, y la tecnología humana creó máquinas capaces de fabricar grandes cantidades de bienes. Se comenzaron a montar despachos para administrar esas operaciones, y la comercialización se volvió tan importante como la producción agrícola o industrial. Nació el márketing.

El márketing surgió como una función del departamento de ventas. Si antes el foco era la producción, ahora la atención se centraba en el esfuerzo por vender los productos. A partir del momento en que ese esfuerzo por vender comenzó a considerarse un trabajo, el trabajo humano se volvió más abstracto e intelectual que físico.

Sin embargo, no bastaba con producir y luego intentar vender. Para captar clientes era necesario saber lo que éstos querían comprar. Y el márketing comenzó a intervenir también en la planificación de la producción. Era necesario saber cómo querían los clientes tal o cual producto. El marketing se extendió a los procesos de producción y distribución. Era preciso conservar a los clientes después de captarlos. El márketing amplió su radio de acción al servicio postventa, como el mantenimiento y la atención al consumidor.

Ahora se sabe que no es exactamente el producto en sí lo que el cliente elige y consume: es también un «estado de espíritu» que el producto propicia. Y el márketing actúa intensamente en la formación de la imagen de marca y la comunicación de los atributos más abstractos de cada producto o servicio.

Vender es sólo una fase del negocio

El márketing puede definirse como un conjunto de procedimientos que permiten a la empresa adecuar su oferta a las necesidades del consumidor con el objetivo de conquistarlo y conservarlo. Con esos procedimientos es posible obtener beneficios y al mismo tiempo satisfacer al cliente, pues el foco no está puesto en el producto en sí, sino en la necesidad y los deseos del cliente. El beneficio llega como consecuencia del valor añadido.

158

MARKETING

EMPRESA   MERCADO

El márketing es una suma de actitudes y procedimientos que abarcan prácticamente todas la áreas de la empresa.

Una clientela satisfecha es nuestra garantía de supervivencia en el mundo competitivo en que vivimos. Este objetivo aparentemente tan simple se presenta como una serie de desafíos que la mayoría de las veces nuestras empresas no están preparadas para afrontar.

> **El márketing hoy no es una función;**
> **es una manera de hacer negocios.**

RUTH TEARLE

*   *   *   *

Un día, un empresario de mucho éxito y con mucho dinero a su disposición decidió jubilarse. Vendió sus empresas, viajó por el mundo y luego se retiró a su mansión. En un momento de aburrimiento, al mirar la televisión, se dio cuenta de que había un gran número de anuncios comerciales de comida para perros y gatos. De golpe decidió volver a la actividad creando una empresa que fabricara comida para perros.

Como el dinero no era un problema, decidió crear la mejor empresa del ramo. Construyó las mejores fábricas, contrató a los mejores profesionales de producción, ventas, administración y publicidad y se lanzó al mercado con gran entusiasmo y optimismo.

En la primera reunión anual de la empresa, llevó a un hotel de cinco estrellas a todos sus ejecutivos. Durante cinco días, utilizando los más sofisticados recursos audiovisuales, los participantes analizaron la actuación de la empresa y discutieron todos los aspectos relacionados con el sector.

Sentado en el último sillón de la sala, el empresario asistió pacientemente a todas las presentaciones, una después de otra. Al final del quinto día, le correspondía clausurar esa reunión anual en calidad de presidente de la empresa.

Comenzó elogiando a los distintos departamentos, destacó la importancia de los programas de Calidad Total y de informatización que estaban en curso, y manifestó su admiración por los profesionales de la empresa.

Pero, al mismo tiempo, comentó su frustración por los resultados obtenidos, ya que su empresa todavía tenía la menor participación en el mercado de comidas para perros, a pesar del cuidado con que se realizaba la producción y de la enorme inversión en publicidad que se había hecho durante un año.

Intrigado por esa paradoja, preguntó si alguien entre los presentes podía aclararle por qué motivo las cosas habían ido así.

Hubo un momento de silencio, porque los ejecutivos no sabían qué responder, y el presidente decidió hacer una pausa para que todos reflexionasen sobre la cuestión.

Durante ese tiempo el presidente dió un pequeño paseo por el jardín del hotel, y vio a un hombre que paseaba a su perro. Se le acercó y habló con él. Después de algunos comentarios iniciales, le preguntó qué le daba de comer a su perro:

—Ah, acostumbro a darle comida para perros de la marca X o de la marca Y.

160

MARKETING MIX

EMPRESA

DISTRIBUCIÓN · COMPETENCIA · ENVASADO · RELACIONES PÚBLICAS · MANTENIMIENTO · ENVASE · PROPAGANDA · PRODUCTO · PUBLICIDAD · COMERCIALIZACIÓN · PRECIO · PRODUCCIÓN · MARCA · VENTAS · ÉTICA

CONSUMIDOR

–¿Ha intentado darle comida de la marca Z? –preguntó el empresario, refiriéndose a su producto.

–Oh, sí. La propaganda me pareció interesante, el precio atractivo y el envase muy bonito, así que decidí comprarla una vez. ¡Pero mi perro la detesta!

Si usted fabrica comida para perros, procure ante todo saber si el producto que va a fabricar gustará a los que van a comerlo.

En un buen negocio, todos ganan

Muchas empresas tratan de imponer los productos que fabrican, o los comercializan igual aunque los clientes no tengan ninguna necesidad de ellos.

Otras, un poco más perspicaces, escuchan a su clientela y responden rápidamente a las necesidades que expresa.

Las empresas que van a dominar el mercado del futuro tienen que hacer algo más que simplemente satisfacer las necesidades manifestadas por los clientes. Tienen que llevar a los clientes adónde éstos quieren ir, pero ni ellos mismos saben aún qué quieren.

Ejemplo: Hasta hace poco tiempo yo no disponía de un teléfono móvil porque no sentía la necesidad de tenerlo. Hoy me resulta difícil imaginar mi vida sin ese recurso. No sólo yo, sino también mi esposa y todos los integrantes de mi equipo tienen un teléfono móvil como instrumento indispensable.

La finalidad de la industria no es fabricar productos, sino satisfacer a los consumidores. Para que esto suceda, hay que ofrecer lo que los clientes necesitan a un precio y unas condiciones más atractivos que los ofrecidos por la competencia, y permitiendo todavía que la empresa obtenga una ganancia en el proceso.

Los guerreros victoriosos ganan primero y luego van a la guerra, en tanto que los guerreros derrotados primero van a la guerra y luego procuran ganar.

SUN-TSE

Las empresas que realmente entienden de márketing consideran las transacciones comerciales no como sucesos aislados, sino como puntos de partida o de continuación de relaciones íntimas y duraderas.

* * * *

EL CLIENTE DESEA

		SI	NO	
LA EMPRESA OFRECE	SI	VENTA FÁCIL	NO HAY VENTA	EL CLIENTE NO SABE LO QUE QUIERE
	NO	OPORTUNIDADES OBVIAS	NO EXISTE	OPORTUNIDADES INEXPLORADAS

Si intenta, de forma íntegra y honesta, vender soluciones y no necesariamente productos, el futuro de su empresa es prometedor. Al mantener esa actitud, en el mercado se le recordará como una persona de visión, que corre maratones y no carreras de 100 metros. Eso significa visualizar posibilidades a largo plazo, en lugar de la viabilidad a corto plazo, procurando siempre crear nuevos espacios competitivos.

El márketing de una empresa existe en relación con un contexto determinado. Por lo tanto, debe tenerse en cuenta lo que las otras empresas tienen para ofrecer al mismo consumidor. El *benchmarking* (banco de pruebas) es el proceso de evaluar y comparar los productos de la empresa con los mejores del ramo. Esta comparación debe hacerse tanto entre los productos en sí, como entre las percepciones de los diferentes productos por parte del consumidor.

La percepción del cliente es fundamental en el proceso de decisión de compra, y la forma en que se presenta el producto es de gran importancia, como muy bien ejemplifica Charles Revson, presidente de Revlon Inc.:

«En la fábrica producimos cosméticos; en la tienda vendemos esperanza».

163

Lo mismo plantea Theodore Levitt cuando dice que «Kodak vende películas fotográficas, pero no las anuncia como tales, sino como recuerdos».

Comunicar lo máximo con lo mínimo

En la estructura de la empresa, el márketing ha dejado de estar ligado con las ventas o la propaganda para adquirir una dimensión holista. Está en todos los procesos y es necesario para toda clase de públicos. El negocio es márketing.

En la era digital, las transacciones dejan de tener fronteras geográficas, ya que la comunicación es instantánea y planetaria. Las negociaciones se vuelven digitales y virtuales. Más aún, hasta los mismos productos y servicios adquieren, cada vez más, forma digital.

Como dice Nicholas Negroponte en su libro *La vida digital,* anunciando uno de los cambios más profundos de paradigma de toda la historia humana, los átomos son sustituidos por bits.

* * * *

El bit es la unidad mínima de información: Sí/No, Cero/Uno, Encendido/Apagado. Sólo una opción entre dos. Al reducir todos los lenguajes a esa unidad mínima, el ser humano amplía infinitamente los horizontes de su comunicación.

Este concepto es la base de la Teoría de la Información e hizo posible todo el desarrollo de la informática. El intercambio interpersonal a través de máquinas, o simplemente el intercambio entre dos máquinas, dejó de ser analógico para volverse digital. En el lenguaje analógico las cosas tienen sentido por analogía: una palabra es sinónimo de otra, que a su vez remite a otras; un signo significa otro conjunto de signos, y así sucesivamente, formando grupos numerosísimos y de selección compleja. En el lenguaje digital, la elección es una de dos.

Es un lujo no ser comprendido.

RALPH WALDO EMERSON

¿Cero o uno? Sólo con estas dos cifras es posible escribir todos los números. Véalo: 1, 10, 11, 100, 101... y se crea una secuencia que equivale a 1, 2, 3, 4, 5. Este es el sistema binario, base del lenguaje digital.

¿Sí o no? Esta simple respuesta puede proporcionar mucha información, si las preguntas están bien formuladas. Por ejemplo, con sólo ocho preguntas que hay que responder con un sí o con un no, puedo saber exactamente cuál es la página que usted ha escogido de un libro de 256 páginas. ¿Quiere verlo?

1. ¿El número de la página es mayor que la mitad de 256?

2. ¿Es mayor que la mitad de 128? (O sea, ¿es mayor que la mitad de la mitad de 256?).

3. ¿Es mayor que la mitad de 64? (O sea, ¿es mayor que la mitad de la mitad de la mitad de 256?)

4. ¿Es mayor que la mitad de 32?

5. ¿Es mayor que la mitad de 16?

6. ¿Es mayor que la mitad de 8?

7. ¿ Es mayor que la mitad de 4?

8. ¿Es mayor que la mitad de 2?

En este ejemplo todas las respuestas son NO. Por lo tanto, la página elegida es la número 1.

Si la respuesta a la primera pregunta fuera sí, la segunda pregunta sería:

2. ¿Es mayor que el número que está a medio camino entre 128 y 256? (O sea: ¿es mayor que la mitad de la segunda mitad de 256?) Y así sucesivamente, cada nueva pregunta se formula según la respuesta anterior.

* * * *

El lenguaje digital es capaz de transmitir cualquier información analógica. Valores analógicos, tales como las innumerables graduaciones posibles entre frío y caliente (tibio), entre día y noche (madrugada, amanecer, atardecer, etc.) o entre el negro y el blanco (todo el espectro de colores), pueden convertirse en código digital y ser transmitidos en fracciones de segundo. Ninguna información analógica que pueda ser expresada por el lenguaje humano es tan compleja que no pueda transmitirse por medio de bits.

En los últimos años, el ser humano ha sido capaz de digitalizar también informaciones visuales y sonoras, lo cual ha permitido un notable perfeccionamiento de los sistemas de audio y de vídeo. Las posibilidades de comunicación telefónica se han vuelto incomparablemente superiores: con la sustitución del sistema analógico por el digital es mucho más rápido y barato hablar con otras personas en cualquier parte del mundo, incluso con transmisión de imágenes, lo cual hace viable el sueño del videoteléfono.

Mi interés está en el futuro porque es donde pasaré el resto de mi vida.

CHARLES F. KETTERING

Las autopistas de la información

La red mundial de ordenadores llegó en 1995 a cerca de 400 millones de usuarios, habiendo crecido nada menos que el 900 por ciento en relación al año anterior.

Un equipo que parecía destinado exclusivamente a las grandes organizaciones empresariales y a los gobiernos, está entrando en nuestras casas con una velocidad sorprendente y se instala en todas las habitaciones, desde la cocina al cuarto de los niños. En viviendas particulares se ha instalado nada menos que el 65 por ciento de todos los ordenadores vendidos en el mundo en 1994.

Hace pocos años los ordenadores obtuvieron el refuerzo de un pequeño aparato llamado *módem*, que codifica las informaciones digitales y las convierte en señales que pueden circular por los hilos telefónicos. Así se hizo posible y fácil la comunicación entre ordenadores a través de una simple línea telefónica.

En poquísimo tiempo se formó una red de comunicación independiente, de proporciones antes nunca imaginadas. Cerca de 50 millones de personas, en más de 100 países, ya están interconectadas por ese sistema, y el ritmo de propagación crece más de un 10 por ciento mensual. Por cada bebé que nace en el mundo, casi cuatro nuevos usuarios se conectan a *Internet*. Obviamente es imposible, pero el número de usuarios equivaldría a la población mundial si la tasa actual de crecimiento de la «infovía» se mantuviera durante más de ocho años.

¿Qué significa todo esto? Significa que hoy es posible consultar un libro o las investigaciones más recientes de las bibliotecas de cualquier parte del mundo sin salir de casa. Se puede consultar a un prestigioso médico, incluso realizando al mismo tiempo todo tipo de exámenes, aunque esté a miles de kilómetros de distancia; transmitir películas, conferencias o grabaciones sinfónicas en pocos segundos; tener clases interactivas, con diálogos entre alumno y profesor y con ejercicios a través del monitor, para grupos de alumnos de las regiones más distantes; mostrar productos, ofrecer servicios y hacer negocios con clientes de todo el planeta.

La telecomunicación digital posibilita la interactividad. O sea, el usuario de la información se vuelve activo y deja de ser un espectador pasivo de mensajes rápidos y masificados. La comunicación de masas cede el lugar al consumo personalizado.

En vez de recibir en casa o comprar en el quiosco un periódico impreso, igual para todos los lectores y con un montón de informaciones que para usted no tienen interés, puede seleccionar las informaciones y editar un periódico a su medida, a cualquier hora y en cualquier lugar.

Para ver un programa de televisión, eligiendo entre miles de opciones, ya no tendrá que adecuarse al horario elegido por la cadena, ni precisará programar su aparato de vídeo para grabarlo o ir hasta el videoclub para alquilar la película. El programa elegido llegará a su televisor (o mejor dicho, a su ordenador) a la hora en que lo solicite.

Márketing global

¿Y esto qué tiene que ver con la vida profesional y las actividades de las empresas? ¡Todo!

El márketing pasará a realizarse en una relación de tú a tú con el cliente. Los productos o servicios serán personalizados. Los clientes tendrán más opciones, estarán mejor informados y esperarán más. La propaganda y las ventas se unirán en una sola operación, a través de las compras *on line*. Ahora es mucho más fácil dirigir mensajes y promociones especiales a los clientes de mayor potencial en todo el mundo. El campo de acción de los vendedores ha pasado a ser planetario. La economía ha dejado de estar orientada hacia la producción en masa y la centralización de ámbito nacional y ha pasado a ser no estandarizada, descentralizada y de ámbito mundial.

> *Las buenas empresas satisfacen necesidades.*
> *Las empresas excelentes crean mercados.*
>
> PHILIP KOTLER

Estas observaciones son de John Sculley, que participó, como ejecutivo de Apple, en la popularización de los ordenadores personales a través del lanzamiento del Macintosh.

Sculley constata que «los nuevos medios de comunicación asumen la apariencia de un medio anterior, hasta que acaban definiendo su propia existencia singular». Así, las primeras películas parecían representaciones teatrales. La televisión comenzó con un estilo radiofónico. Los primeros ordenadores personales con capacidades multimedia recuerdan a la televisión. Pero aún no estamos en condiciones de imaginar lo que serán dentro de pocos años.

Por más sorprendente que ya nos parezca todo, el ser humano apenas está dando los primeros pasos en la era digital.

* * * *

Han surgido y continuarán surgiendo nuevos conceptos de márketing en el mercado. Uno de ellos es el concepto de *network marketing,* un sistema de negocios capaz de proporcionar la oportunidad de tener éxito sin una gran inversión de capital, pero sí con una gran inversión de tiempo y tenacidad.

En este concepto del márketing, la persona juega en los dos equipos simultáneamente, ya que es al mismo tiempo proveedor y consumidor del producto, lo cual permite la creación de una dinámica muy interesante, donde uno puede evaluar las dos caras de la moneda.

Ecosistema planetario

El paradigma de la hipótesis de Gaia (descrito en la página 115) ya tuvo profundas consecuencias en la conciencia del ser humano en cuanto a las condiciones de vida en el planeta. En los últimos 20 años, los niveles de contaminación se han reducido significativamente, y las nuevas tecnologías tienden a reducirlos mucho más.

También en márketing, el paradigma de Gaia produce cambios de actitudes.

Las empresas han tomado conciencia de que el éxito en su actividad está condicionado por su aceptación por parte de la comunidad en la que están instaladas o actúan, y por lo tanto que es necesario que sean «ecológicas».

Las empresas están adquiriendo compromisos éticos con la comunidad en cuanto a tener en cuenta los problemas de la contaminación física, respetar al consumidor, valorar a sus empleados, etc. Muchas empresas incluyen programas de márketing cultural, con el apoyo a manifestaciones artís-

171

ticas, la preservación del patrimonio histórico, la participación en movimientos comunitarios, etc.

En la era de la comunicación global, la empresa pasa a tener como ecosistema a todo el planeta. El compromiso pasa a ser planetario. Las comunidades integradas en la empresa, en sus procesos de trabajo o como clientes, se convierten en «comunidades virtuales».

Empresas virtuales

Entre las transformaciones en curso en este nuevo contexto tecnológico, una de las que más afectarán a nuestra vida es la sustitución de las comunidades geográficas por comunidades virtuales.

Estén donde estén, las personas se interconectarán en función de sus intereses comunes, y no sólo por la proximidad física.

Como ya hemos visto, este fenómeno cambia las técnicas del márketing. En el futuro deberá cambiar también el concepto de nación. Y ya se están transformando velozmente las estructuras del trabajo.

El modelo tradicional de despacho, con cientos de personas procesando información en papel, enviándola a otros departamentos por medio de mensajeros, reuniéndose con el equipo en la sala de juntas, y archivando cartas, memorándums e informes, se está volviendo obsoleto. Cada vez es mayor el número de personas que trabajan en su casa, en contacto con la empresa o con sus clientes a través de ordenadores; su productividad es mayor y tienen menos estrés.

Lo único que nos salva de la burocracia
es su propia ineficacia.

EUGENE MCCARTHY

Las empresas van dejando de lado el punto de referencia físico como medida de poder (tamaño de las instalaciones, cantidad de empleados y de equipos) y adoptan el nuevo paradigma de «empresa». Las grandes empresas ya no serán las que tengan mayores despachos, sino las que tengan una mayor presencia en la sociedad a través de una extensa red de colaboradores y clientes interconectados.

Aprender y transformar

En la vida podemos aprender de dos maneras: por cuenta propia o siguiendo las orientaciones de alguien que sabe.

Si no tiene una ventaja competitiva, no compita.

JACK WELCH

Aprender por cuenta propia es bueno, pero también es muy lento. Como dice un proverbio chino, «el tiempo es el mejor de los maestros, sólo que termina matando a todos sus discípulos».

Aprender de quien sabe es la otra alternativa. En el medio empresarial, el que sabe destaca y acostumbra a ser admirado por los clientes y por los demás empleados.

Podemos aprender también de las empresas de éxito, observando su trayectoria, sus estrategias y los resultados obtenidos. Por eso una de las principales lecturas de los

173

empresarios y ejecutivos de hoy son los *casos* empresariales, las experiencias vividas por las empresas, especialmente en el área del marketing.

La revista *Fortune* (marzo de 1995) publicó una clasificación de las 500 mayores empresas estadounidenses teniendo en cuenta los siguientes parámetros: calidad de la gestión, calidad de los productos o servicios y estabilidad financiera.

Las 10 primeras clasificadas fueron: Rubbermaid, Microsoft, Coca-Cola, Motorola, Home Depot, Intel, Procter & Gamble, 3M, United Parcel Service y Hewlett-Packard.

Aprendiendo con las mejores, me gustaría compartir con usted, lector, el modelo Hewlett-Packard, con *Los cinco mandamientos de la empresa:*

1. Contratar al mejor profesional del mercado y formarlo constantemente.

2. Establecer objetivos amplios y dar autonomía en cuanto al modo de lograrlos.

3. Estimular el trabajo en equipo, confiando en la capacidad de las personas para llevarlo a cabo.

4. Promover la libre comunicación y un alto grado de integridad.

5. Crear un ambiente de trabajo que recompense la innovación.

* * * *

Un barco está seguro en el puerto, pero los barcos no se construyen para eso.

GRACE HOPPER

174

Las tecnologías más complejas, por mejores que sean, sólo funcionan bien cuando hay un cambio de mentalidad en la empresa y en las actitudes individuales. Los cinco principios anteriores sintetizan con claridad los factores críticos de la organización empresarial en este período de intensas transformaciones: personas cualificadas, autonomía, trabajo en equipo, objetivos audaces, comunicación fluida, espíritu abierto a las innovaciones. Ingredientes simples, pero poderosas palancas para los nuevos tiempos.

Proporcione a los seres humanos, comenzando por usted, condiciones apropiadas de trabajo, donde puedan autorrealizarse, adquirir confianza en sí mismos, integridad y respeto mutuo, y lograr una visión compartida y prosperidad. Haga que crean que es posible alcanzar las metas más audaces y ellos conseguirán lo «imposible».

Reorientación
virtual

1

INTEGRACIÓN
HOLISTA

5

Excelencia
personal

2

4

3

Previsión
de mercado

Innovación
empresarial

5

Integración holista

Retorno a la esencia

En este libro que usted está terminando de leer he procurado mostrar la interdependencia que hay entre el individuo, la empresa y el mercado. Hemos visto que cualquier modificación en uno de los tres altera sustancialmente, de modo directo o indirecto a los otros dos, y espero haberme explicado con claridad y fuerza suficientes para estimular no sólo su intelecto, sino también su sensibilidad.

El libro comienza haciendo hincapié en la **excelencia personal,** desde la importancia de cuidar de uno mismo, y termina enseñando cómo **crear oportunidades inexistentes.** Aunque este sea un libro relativamente sucinto, considerando la complejidad del asunto y la magnitud de los conocimientos existentes en este campo, es, no obstante, el más largo y laborioso de los diez libros que he escrito hasta ahora.

Me siento satisfecho de proporcionar un instrumento de transformación capaz de modificar, como una verdadera **reingeniería virtual,** la vida personal y profesional de innumerables personas diseminadas por todo nuestro planeta. Para que la sensación de transformación realmente se instale en su estructura psíquica, le recomiendo que lea y relea este libro varias veces, pues así le será posible captar en toda su plenitud y en los diferentes niveles de percepción, las ideas que presento en él.

El libro acaba del mismo modo que comienza, hablando de nosotros, de los seres humanos, de nuestros sueños, nuestros éxitos y –¿por qué no?– de nuestros fracasos. Cada individuo de la especie humana representa el holograma de todo lo que ha existido, existe y existirá en este Universo. ¿De qué me sirven la innovación empresarial o la previsión de mercado si no estoy bien conmigo mismo, con mi familia, con mis amigos y, en fin, con todos los que llevan en el corazón los mismos sentimientos de amor, alegría, esperanza, tristeza, miedo y desesperación? Convivimos todos con las mismas confusiones, sin entender la razón de tantas sorpresas y paradojas, en un mundo muy evolucionado tecnológicamente y al mismo tiempo tan marcado por crisis mundiales en los campos de la salud, la educación, la economía y la política, crisis que afectan a las necesidades básicas del ser humano como para sobrevivir en este planeta.

Parece que, en la carrera por llegar a la Luna, y ahora al ciberespacio, nos olvidamos de cómo llegar al corazón de nuestros semejantes. Muchos olvidan también que la familia es nuestra principal empresa, que el liderazgo comienza en casa, influyendo con integridad en nuestros hijos para que puedan continuar nuestra obra después de nuestro cambio de dirección cósmico. Muchas veces nos olvidamos también de que, *al hacer que otra persona haga algo,* estamos poniendo en marcha procesos lingüísticos en los que las personas se sienten automotivadas.

En el verdadero proceso de transformación para lograr nuevos estadios en el potencial del ser humano, las agrupaciones profesionales que llamamos empresas van definiendo su identidad, de modo que las diferencias individuales se respeten y consideren y no se impongan o censuren, para que «ser» sea más importante que «tener».

Las nuevas actitudes del trabajo en equipo, tan pregonadas en los libros de organización empresarial, deben comenzar dentro de nuestra propia casa. Es en nuestro hogar donde aprendemos a convivir dividiendo preocupaciones y multiplicando realizaciones, inventando nuevas realidades en las que cada ser humano sea visto como un hermano o una hermana, los niños se cuiden y no se maltraten, los adultos sean respetados y no manipulados, y los ancianos amados y no abandonados y apartados. En nuestra vida personal es donde comenzamos a llevar a cabo, en nosotros mismos y en las personas más cercanas, las grandes transformaciones, cambiando para permanecer. Sólo a partir de esta base inicial estaremos creando oportunidades (hasta ahora) inexistentes para expresar nuestra verdadera esencia. Todos hemos venido aquí a aprender y a hacer de este planeta un lugar próspero y extraordinario.

Al edificar nuestra vida a partir de la dimensión individual y de la dimensión familiar, construimos un trampolín para lanzarnos a una transformación efectiva del mundo empresarial. Hacer del mundo de los negocios un espacio de transformación y autorrealización dependerá de un gran esfuerzo de concienciación de muchas personas.

Así es el mundo que yo quiero, y estoy seguro de que ese es el mundo que también quiere usted.

Estoy llegando al fin de esta empresa y me preparo para decirle: «Hasta pronto». Para poder decir el próximo

«¡Hola!», tenemos que decirnos «Hasta pronto». Pero deseo que esta ocasión sea muy especial y que nos permita reflexionar, y quién sabe, que le proporcione alguna comprensión intuitiva sobre cómo vive su vida.

Con esto en mente, quiero contarle una historia, que dice más o menos así:

* * * * *

Érase una vez un empresario importante que, después de mucho trabajo y dedicación, consideraba que había alcanzado sus principales objetivos.

En la empresa todo marchaba muy bien, a pesar de la crisis vigente en su país. En su casa todo parecía estar dentro de los patrones deseados: los hijos en la escuela, cada uno ocupado en sus propios quehaceres, y su esposa cuidando de sus propios intereses y de la estabilidad del hogar.

Un sábado por la tarde, al salir de su despacho después de varias horas de trabajo burocrático que había acumulado durante la semana, se dirige a su BMW y decide relajarse un poco yendo hasta una de las carreteras de las afueras de la ciudad.

180

A gran velocidad, escuchando su música favorita y dejando vagar sus pensamientos, por un segundo deja de prestar atención a la carretera y cuando se da cuenta, está a pocos metros de un camión detenido en medio de la calzada. Bum!!!!!!!

Se despierta en un lugar totalmente extraño y, aún sin entender lo que sucede, ve a un individuo vestido de blanco que lo mira a los ojos. El hombre se presenta como el neurocirujano responsable del departamento de traumatismo craneal del hospital al que lo llevaron después del accidente, y va directo al grano:

—Usted sufre lesiones profundas en su sistema nervioso, y su cuadro clínico va camino de un estado comatoso en que se quedará inconsciente, sin posibilidad de recuperación. No obstante, los próximos 60 minutos estará lúcido y no sentirá ningún dolor. Serán los últimos 60 minutos conscientes de su vida. Aquí tiene un teléfono móvil que podrá usar para hacer una única llamada.

* * * * *

Lector, póngase por un momento en la situación del empresario. Los últimos 60 minutos conscientes de su vida. ¡Su última llamada telefónica!

¿A quién llamaría?

_____

_____

_____

¿Qué diría?

_____

_____

_____

181

Ahora acérquese. Quiero decirle algo al oído. Aproxímese.

¿Qué está esperando para llamar?

¿Qué tiene que decir y a quién?

No es necesario estar en una situación tan dramática como la del empresario de la historia anterior para poder aprovechar todas las oportunidades de expresar aquello que siempre guardamos dentro de nuestro corazón.

Evite el mal.

Haga el bien.

VIVA SU VIDA EXTRAORDINARIAMENTE.

Hasta pronto.

LAIR RIBEIRO

Bibliografía

Adizes, Ichak, *Corporate Lifecycles,* Prentice-Hall, Englewood Cliffs, 1988. [Hay traducción al castellano: *Ciclos de la organización,* Díaz de Santos, Madrid, 1994.]

Barker, J. Arthur, *Future Edge – Discovering of New Paradigms of Success,* William Morrow, Nueva York, 1992.

Beck, D. y C. Cowan, *Spiral Dynamics,* Blackwell, Oxford, 1994.

Bennis, Warren, *Changing Organizations,* McGraw-Hill, Nueva York, 1966.

— *On Leadership,* Harper & Row, Nueva York, 1985. [Hay traducción al castellano: *Cambio y liderazgo: una vida inventada,* Planeta-Agostini, Barcelona, 1995.]

Bennis, Warren, Jagdish Parikh y Ronnie Lessem, *Beyond Leadership – Balancing Economics, Ethics and Ecology,* Blackwell Publishers, Cambridge, 1994.

Bloomfield, Harold H., y Robert K. Cooper, *The Power of 5,* Rodale Press, Emmaus, 1994.

Campbell, Joseph, *The Hero With a Thousand Faces,* Princeton University Press, 1949. [De este autor véase en castellano: *Las máscaras de Dios,* 4 vols., Alianza, Madrid, 1990-1992.]

Collins, James C., y Jerry L. Porras, *Built to Last: Succesful Habits of Visionary Companies,* HarperCollins, Nueva York, 1994.

De Bono, Edward, *Lateral Thinking for Management,* Penguin, Londres, 1971. [Hay traducción al castellano: *El pensamiento lateral: manual de creatividad,* Paidós Ibérica, Barcelona, 1993.]

Depree, Max, *Leadership Jazz,* Bantam Doubleday, Nueva York, 1992.

Drucker, Peter, *Managing in Turbulent Times,* Harper & Row, Nueva York, 1980.

Ferguson, Marilyn, *Pragmagic,* Pocket Books, Nueva York, 1990. [Hay traducción al castellano: *Pragmagic: ideas y experimentos para cambiar su vida,* Edaf, Madrid, 1992.]

Flores, Fernando, y Terry Winograd, *Understanding Computers and Cognition,* Addison-Wesley, Reading, 1987.

Foster, Richard, *Innovation: The Attacker's Advantage,* Summit Books, Simon & Schuster, Nueva York, 1986.

Frankl, Viktor, *Man's Search for Meaning,* Beacon Press, Boston, 1959. [Hay traducción al castellano: *El hombre en busca de sentido,* Herder, Barcelona, 17.ª ed., 1995.]

Fuller, R. Buckminster, *Synergetics: Explorations in the Geometry of Thinking,* Collier Books, Nueva York, 1982.

Gardner, Howard, *Quest for Mind,* John Wiley, Nueva York, 1974. [Hay traducción al castellano: *La nueva ciencia de la mente,* Paidós Ibérica, Barcelona, 1988.]

Geneen, Harold, *Managing,* Avon Books, Nueva York, 1984. [Hay traducción al castellano: *Alta dirección,* Grijalbo, Barcelona, 2.ª ed., 1989.]

Gleick, James, *Chaos, Making a New Science,* Viking Penguin, Nueva York, 1987. [Hay traducción al castellano: *Caos: la creación de una ciencia,* Seix Barral, Barcelona, 2.ª ed., 1994.]

Hammer, Michael, y James Champy, *Reengineering the Corporation. A Manifesto for Business Revolution,* HarperCollins, Nueva York, 1993.

184

Heider, John, *The Tao of Leadership,* Bantam, Nueva York, 1985.

Hopkins, Tom, *How to Master the Art of Selling,* Warner Books, Nueva York, 1982. [Hay traducción al castellano: *Dominando el arte de vender,* Maeva, Madrid, 1987.]

Jamison, Kalees, *The Nibble Theory and the Kernel of Power,* Paulist Press, Nueva York, 1984.

Kennedy, Carol, *Instant Management – The Best Ideas from the People who Have Made a Difference in How We Manage,* William Morrow, Nueva York, 1991.

Kilmann, Ralph H., *Managing Beyond the Quick Fix – A Completely Integrated Program for Creating and Maintaining Organizational Success,* Jossey-Bass, San Francisco, 1991.

Koestenbaum, Peter, *Leadership – The Inner Side of Greatness,* Jossey-Bass, San Francisco, 1991.

Kotler, Philip, *Marketing Management. Analysis, Planning, Implementation and Control,* Prentice-Hall, Englewood Cliffs, 1994.

Kotler, Philip, *Marketing Management. Analysis, Planning, Implementation and Control,* Prentice-Hall, Englewood Cliffs, 1994.

Kouzes, James M., y Barry Z. Posner, *The Leadership Challenge,* Jossey-Bass, San Francisco, 1987.

Kuhn, Thomas S. *The Structure of Scientific Revolutions,* University of Chicago Press, Chicago, 1970. [Hay traducción al castellano: *Qué son las revoluciones científicas y otros ensayos,* Paidós Ibérica, Barcelona, 1989.]

Leavitt, Harold J., *Corporate Pathfinders,* Penguin, Nueva York, 1987.

Levinson, Jay C., *Guerrilla Marketing Excellence – The Fifty Golden Rules for Small Bussiness Success,* Houghton Mifflin, Nueva York, 1993. [Hay traducción al castellano: *La excelencia del marketing guerrillero,* Deusto, Bilbao, 1995.]

Lovelock, James E., *The Ages of Gaia. A Biography of our Living Planet,* Bantam, Nueva York, 1990. [Hay traducción al castellano: *Las edades de Gaia,* Tusquets, Barcelona, 1993.]

Lynch, Dudley, y Paul L. Kordis, *Code of the Monarch – An Insider's*

Guide to the Real Global Business Revolution, Brain Technologies Corporation, Fort Collins, 1990.

— *Strategy of the Dolphin – Scoring a Win in a Chaotic World*, William Morrow, Nueva York, 1988.

Lynch, Dudley, y David Neenan, *Evergreen – Playing a Continuos Comeback Business Game*, New Echelon Press, Lakewood, 1995.

Maslow, Abraham H., *Motivation and Personality*, Harper & Row, Nueva York, 1970. [Hay traducción al castellano: *Motivación y personalidad*, Díaz de Santos, Madrid, 1991.]

Maturana, Humberto, y Francisco Varela, *Autopoieses and Cognition: The Realization of the Living*, Reidl, Londres, 1980.

McCormack, Mark H., *What They Don't Teach You at Harvard Business School*, Bantam, Nueva York, 1984.

McGee-Cooper, Ann, *You don't Have to go Home from Work Exhausted*, Bantam, Nueva York, 1992.

McKenna, Regis, *Relationship Marketing*, Addison-Wesley, Reading, 1991. [Hay traducción al castellano: *Marketing de relaciones*, Paidós Ibérica, Barcelona, 1995.]

Naisbitt, John, y Patricia Aburdene, *Megatrends 2000 – The New Directions for the 1900's*, Avon Books, Nueva York, 1990.

Negroponte, Nicholas, *Being Digital*, Alfred A. Knopf, Nueva York, 1995.

Oakley, Ed, y Doug Krug, *Enlightned Leadership – Getting to the Heart of Change*, Fireside, Simon & Schuster, Nueva York, 1991.

Parikh, Jagdish, *Managing your Self – Management by Detached Involvement*, Blackwell Publishers, Cambridge, 1991.

Pascale, Richard T., *Managing on the Edge – How the Smartest Companies Use Conflict to Stay Ahead*, Touchstone, Simon & Schuster, Nueva York, 1990.

Peters, Tom, *Liberation Management*, Alfred A. Knopf, Nueva York, 1992.

186

Peters, Tom J., y Robert H. Waterman, *In Search of Excellence: Lessons from America' Best-Run Companies,* Harper & Row, Nueva York, 1982.

Poe, Richard, *Wawe 3: The New Era in Network Marketing,* Prima Publishing, Rocklin, 1994. [Hay traducción al castellano: *La tercera ola: la nueva era del marketing de red,* Iberonet, Madrid, 1995.]

Porter, Michael, *Competitive Advantage: Creating and Sustaining Superior Performance,* Free Press, Nueva York, 1985. [Hay traducción al castellano: *La ventaja competitiva de las naciones,* Plaza & Janés, Barcelona, 1991.]

Prigogine, Ilya, e Isabelle Stenders, *Order Out of Chaos: Man's New Dialogue With Nature,* Bantam Books, Nueva York, 1984.

Rheingold, Howard, *Virtual Reality,* Summit Books, Nueva York, 1991. [Hay traducción al castellano: *Realidad virtual,* Gedisa, Barcelona, 1994.]

Ries, Al, *The 22 Immutable Laws of Marketing,* HarperCollins, Nueva York, 1993. [Hay traducción al castellano: *Las veintidós leyes inmutables del marketing,* McGraw-Hill, Madrid, 1993.]

Robinson, David, *What is an Entrepreneur?,* Bod Adams, Holbrook, 1990.

Sculley, John, *Odyssey,* Harper & Row, Nueva York, 1987.

Senge, Peter M., *The Fifth Discipline – The Art & Practice of the Learning Organization,* Currency Doubleday, Nueva York, 1990. [Hay traducción al castellano: *La quinta disciplina,* Granica, Barcelona, 1993.]

Senge, Peter M., Richard Ross, Brian Smith, Charlotte Roberts y Art Kleiner, *The Fifth Discipline Fieldbook – Strategies & Tools for Building a Learning Organization,* Currency Doubleday, Nueva York, 1994.

Sinetar, Marsha, *To Build the Life You Want, Create the Work You Love,* St. Martin's Press, Nueva York, 1995.

Tearle, Ruth, *The Versatile Organization: New Ways of Thinking About your Business,* Pfeiffer, San Diego, 1994.

Toffler, Alvin, *Future Shock,* Random House, Nueva York, 1970. [Hay traducción al castellano: *El shock del futuro,* Plaza & Janés, Barcelona, 1992.]

— *The Third Wawe,* William Morrow, Nueva York, 1980. [Hay traducción al castellano: *La tercera ola,* Plaza & Janés, 1994.]

Treacy, Michael, y Fred Wiersema, *The Discipline of Market Leaders,* Addison-Wesley, Reading, 1995.

Van Fleet, James K., *The 22 Biggest Mistakes Managers Make and How to Correct Them,* Parker, West Nyack, 1982.

Wheatley, Margaret J., *Leadership and the New Science – Learning about Organization from an Orderly Universe,* Berret-Koehler, San Francisco, 1992.

Wolf, Fred Alan, *Taking the Quantum Leap,* Harper & Row, Nueva York, 1989.